CB058464

MARIE-JOSÉ MONDZAIN

CONFISCAÇÃO

das palavras,
das imagens
e do tempo

[por uma outra
radicalidade]

Tradução
Pedro Corgozinho

Agradeço a Dominique Quessada por seu apoio constante e suas observações sempre tão esclarecedoras.

E obrigada a Philippe, que sempre me acompanha pelos caminhos repletos de armadilhas...

"Às vezes, é preciso retirar uma expressão da língua e limpá-la para, em seguida, voltar a colocá-la em circulação".
Wittgenstein, *Remarques mêlées.*

"Se as palavras servem para confundir as coisas, é porque a batalha das palavras é indissociável da batalha sobre as coisas".
Jacques Rancière, *O ódio à democracia.*

"Estranha, misteriosa consolação que há na escrita, talvez perigosa, talvez libertadora: salto para fora da fila dos assassinos".
Franz Kafka, *Diários*, 27 de janeiro de 1922.

21	Situação atual
43	Radicalização
83	Imagem do crime
93	Pausa
95	Pistas
121	Imagem
139	Zona e zonards
161	Pausa
163	Paisagens
179	Contra
183	Referências
189	Sobre a autora

O desejo de escrever a breve meditação a seguir se apresentou como uma necessidade ao mesmo tempo política e afetiva, ou, mais precisamente, como um afeto político que, tendo-me feito passar da náusea à cólera, tenta se apaziguar pelas vias da formulação. Estas vias são a da partilha e a da esperança de inscrever o desejo e as condições de uma transformação. O ponto de partida desse desejo de escrever era paradoxal, pois proveniente do sentimento, a cada dia mais profundo, da inutilidade e da impotência dos gestos, e particularmente dos gestos de escrita. Como escrever, e para quem escrever? Esse sentimento se instalava sorrateiramente através da experiência cotidiana da degradação dos elos, diante do espetáculo ou da leitura daquilo que chamamos de "notícias", e que, justamente por sua nociva repetição, aniquila cada dia mais a própria possibilidade de qualquer novidade.[1] O sentimento de impotência e o pavor diante

---

1. [N. T.] Marie-Jòsé Mondzain apresenta vários jogos de palavras ao longo da obra. *"Nouvelles"*, nesta frase, é o primeiro deles: traduzido como "notícias" – seu sentido substantivo em francês –, o termo também é o adjetivo "novas", que faz um par semântico com "novidade", *"nouveauté"*, no final da frase. As notícias também são chamadas de *"actualités"* em francês, e a autora usará este termo na página seguinte, fechando este jogo com as notícias (*les nouvelles*), as

de qualquer mudança, que tem a retórica do terror como cúmplice, estão na origem das rotinas do pensamento. Rotinas que ressoam como o som da repetição no que lemos e no que ouvimos. Duas fórmulas mágicas compartilham o abatimento: aquela que invoca a repetição do mesmo no fio secular da história e aquela que, ao contrário, ao invocar a absoluta novidade da paisagem antropológica, justifica a passividade de todos diante do fluxo inelutável das inovações. À queixa cotidiana e legítima que denuncia a poluição do ar e anuncia a agonia do planeta se junta, inseparável, a experiência deprimente das tensões agressivas no espaço público. O espetáculo do poder expressa, na lúgubre explosão de violência policial, sua incapacidade política, sua indigência intelectual e sua incultura. Os órgãos do próprio poder, em sua aquiescência lucrativa com o capitalismo selvagem, fazem-se de servos de todas as desregulações enquanto fingem combater os desregramentos e até deles nos proteger! Tudo soa tão falso quanto um instrumento desafinado. É com razão que nos perguntamos quais são as vozes que podem se fazer ouvir, não para formular alguma verdade perdida ou ainda inédita, mas para devolver ao uso e ao sentido das palavras seu poder de ligação. Trata-se, sobretudo, dessa fiabilidade sem a qual o compartilhamento do tempo e do espaço público perdem sua vitalidade e sua consistência. Longe de concordarem, isto é, de se encontrarem em acordo no coro de uma oposição, a consonância consensual dos próprios opositores se torna a máscara do mutismo e da brecha aberta para as imposturas. As discordâncias nos conflitos, ao contrário, trazem sua prodigiosa fecundidade

---

novidades (*les nouveautés*) e a atualidade (*l'actualité*) como fluxo industrial da deriva das imagens e do discurso.

para as produções imaginárias, sem as quais não há vida política. Trata-se de construir, no respeito aos desajustes irredutíveis de seus membros, um mundo comum. Essa composição se constrói no coração de uma paisagem sonora, aquela das vozes e das palavras com que designamos as coisas e nomeamos as pessoas, com que compartilhamos nossos desejos e deveríamos debater sobre nossos desacordos, justamente para inventar esse mundo comum. Composição que também se constrói numa paisagem visual no cruzamento de olhares e de palavras que recusam a onipotência do terror para criar um espaço de hospitalidade.

É nessa paisagem que eu quero, aqui, devolver ao termo "radicalidade" sua beleza virulenta e sua energia política. Hoje, tudo é feito para associar a radicalidade aos gestos mais assassinos e às opiniões mais subservientes. Ei-la reduzida num novo léxico, designando apenas as convicções doutrinárias e as estratégias de doutrinação que, por sua vez, levam a crer que basta "desradicalizar" para erradicar qualquer violência, para realizar uma reconciliação consensual com o mundo que produziu essas próprias derivas. A radicalidade, ao contrário, recorre à coragem das rupturas construtivas e à mais criativa imaginação. A confusão entre a radicalidade transformadora e os extremismos é o pior veneno que o uso das palavras inocula dia após dia na consciência e no corpo. Ainda que consideremos o extremismo mais desesperado, mesmo suicida, ou todos os integrismos fanáticos que querem insuflar os vapores tóxicos de um entusiasmo odioso e xenófobo, em lugar nenhum se trata de radicalidade, isto é, da liberdade inventiva e generosa. Essa radicalidade abre as portas da indeterminação, a porta dos possíveis, e, assim, acolhe tudo aquilo que chega, sobretudo todos aqueles que chegam, como um dom que engrandece nossos recursos e nosso poder de agir.

Escrever, fazer filosofia, pensar uma ação política, compartilhar gestos de resistência, construir passo a passo a colaboração das cóleras: é isso que o fluxo industrial da comunicação audiovisual do liberalismo está erodindo através das imagens e dos discursos. São os solavancos inanalisáveis e a violência ininterrupta do que chamamos de atualidade. Eu diria que é nesse quadro que nossas vidas têm de inscrever a singularidade de suas trajetórias cotidianas, e não conseguem mais fazê-lo, ou temem não conseguir. A partir desse pano de fundo, do qual eu não conseguiria desviar o olhar e abstraí-lo, tomo a iniciativa de escrever, apesar de tudo, essas reflexões a respeito da radicalidade. São os programas ditos de "desradicalização" que inspiraram e nutriram minha resistência a reduzir a radicalidade ao significado único da violência, do terrorismo e da morte. Aqui, não se trata nem de repassar a história filosófica dos radicalismos teóricos, nem de rivalizar com os especialistas reconhecidos dos diversos fanatismos monoteístas.

Ao me recusar a consentir com os itinerários planejados pela ordem dominante, que apreciam os regimes do terror e impõem a ordem da segurança, eu prefiro seguir as linhas errantes que traçam ou simplesmente abrem a cartografia imprevisível de uma vagabundagem do sentido e da nebulosa dos possíveis. Vou tentar este breve exercício *flâneur*, no qual os leitores de Benjamin ainda esperam poder se aventurar. Se dediquei tantos anos à questão da imagem e à das imagens, talvez tenha sido para defender o princípio do "pensamento apesar de tudo". Esse desafio diz respeito, antes, à fidelidade à palavra e à fiabilidade de seu uso num mundo dominado pelo regime do espetáculo. Algo típico do olhar do caminhante[2] é o ato de abraçar o horizonte mais amplo, não se deixar fascinar por aquilo que a superabundância das produções visuais e sonoras impõe como foco incandescente na organização cotidiana do terror e do gozo, o que, no fim das contas, dá no mesmo. Não deixa de ser uma modalidade da pornografia que gostaria de ganhar espaço e que às vezes parece consegui-lo. É preciso, então, defender a radicalidade contra essa pornografia, deixando de fazer dela um oxímoro que se refere ao mesmo tempo à revolta e à servidão.

Gostaria de abordar, por uma via sensível e comunicável, o poder dos afetos que, ao pôr em movimento os corpos que ainda querem combater, assume riscos com a coragem que a consciência do perigo exige. Os eventos recentes, como os de Nuit Debout,[3] deixam claro, pela forma como são chamados, que o que faz o evento é essa retomada dos corpos em vigília no coração da noite. Não a noite que seria reservada ao sono, mas aquela que traz a marca das trevas, a dos nossos "tempos sombrios". Os corpos de pé não estão insones, mas recusam o conforto dos tão cobiçados assentos onde estão instalados os poderes que se pretendem inarredáveis. O medo de

---

2. [N. T.] O caminhante, ou "aquele que passeia", le promeneur no original, em referência ao exercício do flâneur, termo que, por sua vez, optamos por não traduzir, pois já consagrado como tal nos estudos de Benjamin, filósofo citado pela autora.
3. [N. T.] "Noite de pé", em português, é um movimento que surgiu em março de 2016, na Praça da República, em Paris, contestando inicialmente o projeto de lei de reforma trabalhista (Lei El Khomri, nº 2016-1088, adotada em 8 de agosto do mesmo ano), mas estendido a uma crítica mais geral ao sistema econômico e às instituições políticas através de um chamado à convergência de lutas dispersas. O nome do movimento decorre das ocupações e assembleias populares em praça pública – ocorridas nos fins de tarde e ao longo da noite – que se espalharam pela França no mês de abril daquele ano.

perder seu assento é uma assombração nos palácios do poder. Aqueles que estão de pé se insurgem contra as liteiras e outros palanquins midiáticos destinados a acolher para sempre os corpos e as consciências, a distraí-los de seu esgotamento e de seu tédio enquanto os mantêm num estado de meio-sono. Manter-se de pé noite adentro é imaginar uma outra luz, a luz que permite criar as novas condições da alegria e do compartilhamento. Trata-se pois não apenas de um regime emocional, mas da energia do despertar solicitada no coração da vigília, energia de nossas convicções, daquilo que nutre nossa capacidade de ação e nosso desejo de eficácia.

Deixar o visível flutuar em sua indeterminação, consentir em ouvir o murmúrio melancólico ou alegre das coisas, perceber as vibrações imprevisíveis, incontáveis e contraditórias de tudo o que nos cerca e nos sustenta, eis o programa sensitivo que pode conduzir à fonte das alegrias e das dores que sustentam nossas ações políticas. Escrever para conjurar as "paixões tristes", encontrando aos poucos, e em fragmentos, o sentido das palavras confiscadas, palavras que outrora abriam as vias desse suposto impossível que ainda depende de nós. É porque as imagens e os sons chegaram a nós antes mesmo que tivéssemos acesso à linguagem e à visão distinta de que precisamos retornar a eles para instruir novamente as condições de possibilidade de toda criação constituinte, isto é, dessa imaginação sem a qual não é possível haver vida política, nem mesmo, de forma geral, vida do pensamento. Esse caminho que se abre gostaria de restabelecer o poder de uma radicalidade que não tem nada a ver com os gestos desesperados e cruéis do niilismo, nem com os dos fanatismos de todos os tipos, que opõem, de leste a oeste, os possuidores e os possuídos dos três monoteísmos e das paixões nacionalistas famintas de legitimação fantasiosa e de identificação assassina. A posse da verdade enlouquece, e os proselitistas, que dela fazem comércio, são impostores.

Antes de prosseguir, deixo claro que a defesa que aqui é feita da radicalidade é isenta de qualquer complacência com os gestos assassinos daqueles que gostamos de chamar de "radicalizados". Compartilho da dor de todos diante da violência dos massacres, sejam eles perpetrados por fanáticos ou pelos campeões da vingança. Mas é preciso escolher entre a lei de talião e a posição política frente a um problema que diz respeito tanto às vítimas quanto aos carrascos. É em nome de um mundo comum, onde tudo está por ser construído, que o presente trabalho sobre o uso das palavras tenta trazer uma modesta contribuição. Digo "modesta" pois tenho consciência da amplitude e da dificuldade daquilo que tomo como horizonte, e sei que o exercício político da filosofia sempre esbarra nas objeções das mulheres e dos homens desse campo, os quais invocam a complexidade de suas práticas face ao que é considerado uma atividade verbal e sem risco. Ao que eu responderia, em primeiro lugar, que a posição que aqui defendo resulta justamente do encontro e da escuta direta daquelas e daqueles que são implicados e designados como "sujeitos da radicalização". Em segundo lugar, é claro que a atividade discursiva e reflexiva sobre uma realidade comum é justamente o que é preciso defender e sustentar em seus efeitos sobre essa própria realidade.

A defesa da palavra e a vigilância mantida nos usos da língua são a condição do debate que permite e sustenta a vida política.

Longe de ser um privilégio das "elites" e dos "intelectuais", a palavra e a consciência crítica que ela suscita devem ser reconhecidas como capacidade e direito de todos, sem exceção. A filosofia tem a tarefa de o lembrar. Compreender não é fazer um uso privado, profissional e privilegiado de seu julgamento. Ao contrário, é construir a cena onde as condições necessárias para "se compreender" elaboram debates e as energias esclarecedoras em conjunto, na comunidade. Construir essa partilha com os ditos "radicalizados" é um gesto de acolhimento sem o qual nenhum mundo comum é possível e a única saída seria a guerra de todos contra todos. A selva de Calais[4] havia se tornado, contra todas as expectativas, um espaço de sociabilidade onde a construção de laços foi tão importante quanto a urgência de moradias. Nesse espaço de derrelição, o trabalho dos arquitetos não se reduziu aos gestos de construção, mas a todos os gestos da palavra e da imagem que protegiam a dignidade dos mais carentes e criavam a cena de uma partilha. Então, por que recorrer àquilo que a supremacia ocidental por muito tempo chamou de "lei da selva" para falar de um mundo impiedoso e sem humanidade? Quem se atreve a dizer que compreender é desculpar,[5] senão o promotor

---

4. [N. T.] "Selva de Calais" (*la jungle de Calais*) é a forma como foi comumente chamado um dos maiores acampamentos de imigrantes da Europa, que existiu até 2016 na região do porto da cidade de Calais, França. A denominação remete às condições ditas "selvagens" de vida a que estavam submetidos os abrigados.
5. [N. T.] A autora faz referência ao debate estabelecido por políticos e sociólogos, entre outros intelectuais, provocado por uma série de declarações do então primeiro ministro francês, Manuel Valls, entre novembro de 2015 e fevereiro de 2016, sobre o papel dos intelectuais face ao terrorismo jihadista. Segundo Valls, "explicar já é querer desculpar um pouco" o terrorismo [*expliquer, c'est déjà vouloir un peu excuser*], declaração dada na sequência dos atentados de 13 de novembro de 2015 em Paris. O conjunto de falas de Valls nomeia explicitamente a sociologia e os intelectuais em sua acusação de desculparem a radicalização jihadista ao tentarem explicá-la. Este livro de Marie-José Mondzain se insere na sequência desse debate e traz sua contribuição filosófica ao indagar a respeito da *confiscação* das palavras e, mais precisamente, daquela de radicalidade, indo além dos embates em torno da cientificidade da sociologia e da diferença entre explicar, compreender e desculpar – temas que foram centrais na discussão à época. Ver, por exemplo, tribuna publicada no jornal *Le Monde* em 14 de dezembro de 2015, assinada pelos sociólogos Frédéric Lebaron, Fanny Jedlicki e Laurent Willemez, "A sociologia não é a cultura da desculpa". Disponível em:

de uma ditadura moral e securitária, dominada pelo pânico provocado pelos outros?

---

https://www.lemonde.fr/idees/article/2015/12/14/la-sociologie-ce-n-est-pas-la-culture-de-l-excuse_4831649_3232.html.

Situação atual[1]

Há três séculos, o que chamamos de Luzes foi progressivamente revertido em seu contrário pelos mestres do cegamento e da noite sem sono. A confiscação do sono em nome da produtividade e do lucro foi muito bem analisada por Jonathan Crary,[2] no que se refere à explosão dos ritmos corporais do trabalho e do sono, mas também à devastadora temporalidade dos fluxos monetários, que segue o ritmo ininterrupto do comércio mundial. Stefan Zweig já havia descrito em 1916 esse "Mundo insone".[3] Não é mais a coruja de Minerva que alça seu voo ao cair da noite, e sim um predador carniceiro que impõe a superexposição brilhante, que chega a ser cegante, de um mundo privado de sombra, mas de abundante obscuridade. Ainda que nós sucumbíssemos ao sono,

---

1. [N. T.] Exceto quando sinalizado em nota, todas as citações presentes neste livro foram traduzidas por nós a partir do fragmento em francês fornecido pela autora. Cabe também informar que nas menções de Mondzain a obras que possuem edição em língua portuguesa, a indicamos entre colchetes após a menção da fonte direta.
2. CRARY, Jonathan. 24/7. Le capitalisme à l'assaut du sommeil. Trad.: Grégoire Chamayou. Paris: La Découverte/Zones, 2014. [24/7: Capitalismo tardio e os fins do sono. Trad.: Joaquim Toledo Jr. São Paulo: Cosac Naify, 2014].
3. ZWEIG, Stefan. Le Monde sans sommeil. In: _____. Essais, Tome III. Trad.: Juliette Pary. Paris: Le Livre de Poche, 1996. p. 1215-1220. [O mundo insone e outros ensaios. Trad.: Kristina Michahelles. Rio de Janeiro: Zahar, 2013].

para o leviatã da finança, assim como para as redes da comunicação mundial, não existe descanso. "Durmam, cidadãos, velados pelas mídias" foi a fórmula publicada sobre dois olhos de coruja pelos grafistas resistentes do ateliê de artes gráficas *Ne pas plier*.[4] A palavra de ordem é a continuidade, que é o meio mais seguro de tornar impossível qualquer mudança. A temporalidade dos fluxos esmaga impiedosamente qualquer experiência da espera, do suspense, da surpresa. Chamamos de "tempo real" o que, em sua imediaticidade, pulveriza qualquer realidade do tempo. Não se trata de nos atermos às necessidades e às consequências das mutações tecnológicas no fio da história da iluminação, mas, como analisaram Schivelbusch e Simone Delattre,[5] trata-se, em seus usos, de compreender as repercussões sociais e políticas dessa superexposição espetacular e ininterrupta da vigília planetária exigida pelo capital. O capital, por sua vez, é insone e não conhece outra forma de vigilância senão aquela inspirada pelo medo de perder e pela paixão de ganhar. O obscuro é, então, reduzido ao que os mestres do lucro querem dissimular, e nós conhecemos as sanções a que são condenados aqueles que ousam revelar o segredo de suas manobras e dissimulações. A violência do liberalismo engendrou sua própria partilha do visível e do invisível. Os oligarcas têm direito ao segredo

---

4. [N. T.] A associação *Ne pas plier* [Não dobrar] foi fundada em 1991; está localizada em Ivry, região periférica de Paris, e se define como um coletivo que reúne artistas, educadores, intelectuais, trabalhadores sociais e militantes que lutam para que, "aos sinais da miséria, não se acrescente a miséria dos sinais". Estas e outras informações estão disponíveis no site da associação na internet: https://www.nepasplier.fr/internationale.htm.

5. SCHIVELBUSCH, Wolfgang. *La nuit désenchantée. À propos de l'histoire de l'éclairage artificiel au XIXe siècle*. Trad.: Anne Weber. Paris: Le Promeneur/Gallimard, 1993; DELATTRE, Simone. *Les douze heures noires. La nuit à Paris au XIXe siècle*. Paris: Albin Michel, 2000. Ver também: CABANTOUS, Alain. *Histoire de la nuit (XVIIe-XVIIIe siècle)*. Paris: Fayard, 2009.

enquanto o resto do mundo, que eles exploram, está cada dia mais privado de qualquer intimidade.

Confiscação das palavras

Para servir às estratégias que querem esgotar o poder de nossas turbulências, duas armas se afiaram: a manipulação das imagens e a confiscação das palavras. Essas armas da dominação compõem uma paisagem, um espetáculo total cuja decifragem equivale a apreender o cenário onde se encena uma peça sem ator identificável e cuja trilha sonora apresenta cada vez mais a inversão perversa dos significados. Tucídides foi provavelmente o primeiro a se interessar pela violência sofrida pela linguagem no período de violência e de guerra. Quando reina a violência nas relações de poder, a guerra não acontece apenas no terreno dos afrontamentos militares, mas penetra todo o espaço social até se infiltrar no coração de nossa intimidade, modificar insidiosamente o uso que cada um faz da língua e aniquilar a fiabilidade da palavra. Assim, durante a Guerra do Peloponeso,[6] os habitantes de Córcira conheceram, quando da guerra entre cidades, a guerra civil, a *stasis*.

Na sequência da agitação, abateram-se sobre as cidades numerosas e terríveis calamidades, como tem acontecido e continuará a acontecer enquanto a natureza humana

---
6. TUCÍDIDES. *La Guerre du Péloponnèse*, Livre III. Trad.: Raymond Weil. Paris: Les Belles Lettres, 1969. [*História da Guerra do Peloponeso*. Trad.: Mário da Gama Kury. Brasília: Editora UnB, Instituto de Pesquisa de Relações Internacionais; São Paulo: Imprensa Oficial do Estado de São Paulo, 2001]. [N. T.] Os trechos da *Guerra do Peloponeso* citados aqui foram reproduzidos nesta tradução a partir da edição brasileira indicada acima. Quando modificados, indicamos na referência.

for a mesma; elas, porém, podem ser mais ou menos violentas e diferentes em suas manifestações, de acordo com as várias circunstâncias presentes em cada caso. (...) Assim as cidades começam a ser abaladas pela guerra civil, e as que são atingidas por esta mais tarde, conhecendo os acontecimentos anteriores, chegam a extravagâncias ainda maiores em iniciativas de uma engenhosidade rara e em represálias nunca antes imaginadas (3, 82, 2).[7]

Tucídides repete outras vezes o comentário sobre a mudança das formas (*eidos*) e suas variações em função da conjuntura, observando um tipo de inovação coletiva e perversa em meio ao pior. A forma se refere aqui ao que dá a composição ao mesmo tempo significativa e instável da paisagem social e política. Mas a forma também é a modalidade sob a qual se exerce a força, força que pode ser ou a da consistência e da estabilidade provisória da relação entre as palavras e as coisas, ou aquela que produz desvinculação e morte. Um pouco acima, ele notava que em Córcira "a morte se revestiu de todas as formas"[8] (*pasa te idea katesté thanatou* [3, 81, 5]). É nesse clima de agitação que assistimos, diz ele, à transformação das modalidades da fala e à inversão do sentido das palavras:

> A significação normal das palavras em relação aos atos muda segundo os caprichos dos homens. A audácia irracional passa a ser considerada lealdade corajosa em relação ao partido; a hesitação prudente se torna covardia dissimulada; a moderação passa a ser uma máscara para

---

7. TUCÍDIDES, 2001, p. 198 (modificada). Livro III, Cap. 82.
8. TUCÍDIDES, 2001, p. 197. Livro III, Cap. 81.

a fraqueza covarde, e agir inteligentemente equivale à inércia total (3, 82, 4).[9]

A discordância se instala entre o que é feito e o que é dito, entre o que se finge dizer e o que se finge fazer... Colapso da crença, que não é outra coisa senão o colapso da própria confiança. Quando invertemos o sentido das palavras, imediatamente implodimos qualquer fiabilidade:

> Os compromissos tiram a sua validade menos de sua força de lei divina que da ilegalidade perpetrada em comum. Palavras sensatas ditas por adversários são recebidas, se estes prevalecem, com desconfiança vigilante ao invés de generosidade (3, 82, 7).[10]

Tucídides denuncia a violação da temporalidade de qualquer promessa. Ele diz, com vigor e clareza, o que está em jogo nesse caos:

> A causa de todos esses males era a ânsia de chegar ao poder por cupidez e ambição (3, 82, 8).[11]

A diatribe se reforça no correr da narrativa, e não é possível ler o que se segue, hoje, sem sentirmos sua terrível atualidade:

> Com efeito, os líderes partidários emergentes nas várias cidades, usando em ambas as facções palavras especiosas (uns falavam em igualdade política para as massas, outros em aristocracia moderada), procuravam dar a impressão

---

9. TUCÍDIDES, 2001, p. 198. Livro III, Cap. 82.
10. TUCÍDIDES, 2001, p. 198. Livro III, Cap. 82.
11. TUCÍDIDES, 2001, p. 199. Livro III, Cap. 82.

de servir aos interesses da cidade, mas na realidade serviam-se dela (...). Já não havia palavras fidedignas, nem juramentos capazes de inspirar respeito bastante para reconciliar os homens; os mais fortes, considerando precárias as garantias, preocupavam-se mais com evitar que lhes fizessem mal do que com esforçar-se por demonstrar aos demais que podiam confiar neles (3, 83, 2).[12]

Eis o lugar em que estamos.

Não se trata de imobilizar a língua e menos ainda de contar com essa imobilidade – a qual só poderia ser fictícia – para nos assegurarmos da paz civil e da estabilidade das instituições. A língua da paz da qual Tucídides fala não é uma língua morta, mas uma língua viva, portanto móvel. A vitalidade revolucionária e o conjunto de todas as energias criativas no domínio do saber ou da arte não param de transformar a língua e de inventar o vocabulário do possível. Tucídides fala da relação do uso das palavras quando a língua se torna mentirosa e se faz o idioma do ódio, da morte e das matanças. Ele fala da língua dos assassinos, daqueles que são movidos por ódio, por inveja e pela sede de lucro. É ela, a língua do terror, falada por aqueles que aterrorizam, interiorizada por aqueles que são aterrorizados.

Na esteira de Tucídides, Victor Klemperer, sob o regime nazista que o ameaçava e aterrorizava a população inteira, decidiu, como forma de resistência, manter um diário filológico sobre o que então acontecia com a língua alemã.[13] O poder modificou progressivamente a

---

12. TUCÍDIDES, 2001, p. 199. Livro III, Cap. 82 e 83.
13. KLEMPERER, Victor. *Lingua Tertii Imperii. Notizbuch eines Philologen*. Berlim: Aufbau Verlag, 1947; *LTI. La langue du IIIe Reich. Carnets d'un philologue*. Trad. e notas: Elisabeth Guillot. Paris: Albin Michel, 1996. [*LTI: a Linguagem do Terceiro Reich*. Trad.: Miriam Bettina Paulina Oelsner. Rio de Janeiro: Contraponto, 2009].

forma de falar, alterando, dia após dia, o sentido e o uso das palavras. A trilha sonora das tiranias não se reduz às ensurdecedoras práticas dos cantos de guerra e dos cânticos. Fazer cantarem juntos é o mais certo meio de assumir o controle da respiração dos corpos e de obter o silêncio do pensamento na amplificação organizada do que é preciso ouvir e daquilo pelo que é preciso clamar. Klemperer manteve seu diário para inventariar as palavras e as expressões que a ditadura nazista infligia à língua. Esse diário, atento a tudo o que era dito, tornou-se a forma ativa de sua resistência ao pior. Perceber, naquilo que ele escutava, a "paisagem sonora" que se organizava e se infiltrava por toda parte, a ponto de, contra sua vontade, contaminar as próprias vítimas com esse poder criminoso. Klemperer abriu nossos ouvidos, de forma notável, para a língua da inversão:

> O nazismo impregnou-se na carne e no sangue de grande número de pessoas através das palavras isoladas, das expressões, das formas sintáticas que se impunham em milhões de exemplares e que foram adotadas de modo mecânico e inconsciente (...). As palavras podem ser como minúsculas doses de arsênico: nós as engolimos sem cuidado, elas parecem não fazer nenhum efeito, e eis que depois de um tempo o efeito tóxico se faz sentir.[14]

Ele inicia sua pesquisa pela observação de uma primeira torção cujos ecos não deixam de se fazer ouvir na situação em que nos encontramos. Trata-se do uso específico do prefixo "ent", que permitia à língua dos nazistas designar a inversão de uma ação:

---

14. KLEMPERER, 1996, p. 40.

Diante do risco de bombardeio aéreo, as janelas tinham de ser escurecidas (*verdunkeln*), foi assim que surgiu a tarefa cotidiana de "desescurecer" (*entverdunkeln*)... A castanha amarga (*bitter*) foi "desamargada" (*entbittern*).

Essa língua da inversão penetrou tão profundamente o uso cotidiano das palavras que, depois da guerra, escreve Klemperer,

> o esforço feito para curar a Alemanha dessa doença fatal [o nazismo] é chamado de "desnazificação" [*Entnazifizierung*].[15]

Tal é o léxico da desinfecção, que não deixa de ter relação com os gestos higienistas que nos livram dos ratos e da peste. "O *Umwelt* [ambiente] totalitário é constantemente saturado de solicitações, de mensagens, não deixa nem o olho nem a orelha em paz, livres para constituir seus próprios espaços de percepção". A fórmula está no prefácio de Martine Leibovici ao livro de Charlotte Beradt, *Rêver sous le IIIe Reich*.[16]

Trilha sonora

A coragem de matar e a de morrer se embriagam com a trilha sonora das vozes e dos cantos que dizem o inferno e prometem o paraíso. A abundância retórica e sonora que alimenta as exaltações religiosas é a máquina mortífera mais certeira e a mais eficaz há séculos. O cristianismo

---

15. KLEMPERER, 1996, p. 23.
16. BERADT, Charlotte. *Rêver sous le IIIe Reich*. Trad.: Pierre Saint Germain; Prefácio: Martine Lebovici. Paris: Payot-Rivages, 2002. p. 23. [*Sonhos no Terceiro Reich*. Trad.: Silvia Bittencourt. São Paulo: Três Estrelas, 2017]. [N. T.] A edição brasileira não contém o prefácio referenciado pela autora.

assumiu a liderança histórica no uso assassino do dispositivo ficcional do inferno e do paraíso. O massacre dos inocentes é uma figura recorrente, já que não há mais inocentes aos olhos de quem não tolera nenhum outro. Lembramo-nos da frase infeliz de um homem político cristão na ocasião de um atentado antissemita contra uma sinagoga, que lamentava o fato de, além dos mortos devidamente visados, o atentado também ter matado "inocentes". Essa frase faz parte da trilha sonora que assombra o pensamento e o corpo de cada indivíduo. Interrogar-se sobre a transformação do sentido das palavras requer que estejamos de fato atentos ao que é dito e ouvido, assim como àquilo que já não pode ser dito nem ouvido.

A prova disso é dada pelo exercício eleitoral, que consiste em pedir votos àquelas e àqueles de quem retiram e a quem nunca escutam, sob pretexto de terem aceitado que se fale em seu lugar. Há termos como "voto", ou "sufrágio", mas foi o termo "voz" que conquistou definitivamente o espaço público.[17] Por que seria preciso "dar sua voz" quando se trata de dar sua opinião, seu apoio ou de manifestar seu desacordo? *"I am your voice"*, grita o candidato republicano à presidência dos Estados Unidos. A denúncia da aliança capciosa entre o mercado dos sons e das vozes, de um lado, e o espaço político do ensurdecimento e do silêncio, do outro, foi magistral(mente) filmada por Altman em 1975, em *Nashville*. Esse filme deveria ser reexibido em todo ano de

---

17. [N. T.] Ao enumerar as palavras "voto" (*"vote"*), "sufrágio" (*"suffrage"*) e "voz" (*"voix"*), Mondzain tem em mente um jogo de palavras de difícil reprodução no português, já que o termo *"voix"*, além de "voz", também é usado como "voto", sinônimo das duas palavras precedentes, portanto, no francês. A autora escolhe o último justamente em razão dessa polissemia, pois dar o voto seria, na expressão francesa *"donner sa voix"*, "dar sua voz". Retivemos, portanto, o termo "voz" para a tradução de *"voix"*, respeitando a intenção do texto original.

campanha presidencial, em horário de grande audiência. Na cidade onde são gravados os sucessos de todas as estrelas da música, umas já famosas, outras em busca da fama, todas as vozes, de todos os estilos, tentam a sorte para se venderem depois de serem escutadas. Ao mesmo tempo e no mesmo espaço, os estrondosos alto-falantes de uma campanha presidencial atravessam o espaço público para pedir a *voz* daqueles que não têm mais a palavra, assim como a dos que nunca a tiveram e nunca a terão. O amor, o ódio, a solidão e a morte marcam a cidade sem cessar, como os relâmpagos e os raios das mais terríveis tempestades. Nessa barulheira da violência "democrática", as indústrias da comunicação e da difusão são os mestres do mercado sonoro. Ninguém mais se comunica com ninguém, e a montagem do filme ganha corpo junto a essa desvinculação que conduz cada corpo à sua solidão. Reina um silêncio feito de barulho, exceto para uma mulher que se comunica com seus dois filhos surdos-mudos. Ressoa, então, a canção da derrota: *It don't worry me, It don't worry me... You may say that I ain't free, but it don't worry me...* "Você pode dizer que eu não sou livre, mas eu não estou nem aí!". A indiferença despreocupada vem insidiosamente adormecer os corpos que cantam que a perda de sua liberdade os livra da angústia do vazio. Em 1957, Elia Kazan dirigiu *A face in the crowd* [*Um rosto na multidão*]. Nessa denúncia violenta, assistimos à transformação do homem do povo em produto comercial, e à transformação dessa mercadoria televisiva em representante do Povo. A dessubjetivação delirante do "herói populista" o conduz a este destino de qualquer mercadoria, a lixeira dos restos sacrificados pelos fabricantes da indústria capitalista do espetáculo, para serem substituídos por um novo produto. A imagem, cada vez mais vociferante, que ocupa a tela é a da boca aberta e carnívora de Andy Griffith no papel do pobre coitado, estrela presidenciável do entretenimento, condenado à loucura e à morte. Esse filme é uma crítica política da mercantilização impiedosa do som e da voz no terreno das lutas pelo poder. A televisão escolhe um cantor beberrão e miserável, faz dele a voz, o porta-voz que distrai a América inteira. E, para se livrar dele, basta usar os microfones e voltá-los contra ele, abalando a opinião do país todo. Estranha torção do silêncio e do barulho, produto da hipersonorização do vazio. O andarilho é batizado pelas mídias como Larry "Lonesome" Rhodes, apelido cuja sonoridade homônima remete à estrada solitária de um qualquer, do Unlucky Luke, cativo da televisão que lhe oferece riqueza e celebridade se ele aceitar ser a ferramenta cinicamente manipulada do populismo mediático. Qual terror vertiginoso e qual vazio o barulho preenche, então, senão aqueles provocados pela perda de toda liberdade na nossa recondução ao silêncio das imagens e das palavras? O embriagamento turbulento das dessubjetivações hipersonorizadas não tem nada de uma embriaguez alegre. Perder-se não tem nada de luminoso. Como entender, hoje, o uso crescente de sonorizações ensurdecedoras em lugares de observação e de escuta, onde são distribuídos tampões para os ouvidos? Quando começarão a distribuir óculos para filtrar os excessos da realidade nos espaços onde deveriam ser implantados os gestos críticos e transformadores dessa própria realidade?

    É bom rever *Aqui e em qualquer lugar*, meditação cinematográfica de Jean-Luc Godard e Anne-Marie Miéville sobre a trilha sonora dos levantes revolucionários. No ano de 1969, os cineastas decidem associar sua luta política na Europa à dos palestinos pelo reconhecimento de sua existência e de seu território. Godard e Miéville dialogam sobre a intensidade sonora da televisão, sobre o sufocamento ensurdecedor dos cantos e das declamações, para mostrar o que a relação entre a trilha sonora do poder e o poder das imagens implica. A trilha sonora designa aqui tanto a música quanto o discurso, e Godard nunca cessará de mostrar sua voz, de provocar a leitura de palavras e de textos, e de colocar o espectador na escuta da música do poder e do que puderam e ainda poderiam ser a música e a língua da revolução. É onde se encontram as imagens e os sons que acontece a luta pelo poder sob o signo da representação. A penetração dos corpos se opera na invasão progressiva dos olhos e dos ouvidos pelas imagens e pelos sons cuja intensidade e ritmo ultrapassam o limite analisável de nossas percepções. A superexposição do visível, a aceleração dos fluxos visuais e o campo sonoro ensurdecedor são as ferramentas cotidianas das novas ditaduras. A extenuação de nossas capacidades sensitivas produz um esgotamento dos recursos críticos. A ultrapassagem dos limites nos transporta com violência para uma zona de indiscernibilidade, a qual não é o lugar da indeterminação e da liberdade, mas sim o lugar fantasioso onde se experimenta o desaparecimento dos limites. Essa fantasia sustenta o neofascismo das imagens e dos sons que toma conta dos corpos sem palavra, denunciado por Pasolini. Nesse sentido, o cinema de Godard é uma análise radical do que está em jogo no registro sonoro no qual *Nossa música* é inseparável da liberdade perdida ou recuperada de nossas vozes.

Como diz Godard em seu retorno da Palestina, "fomos a outros lugares para resolver os problemas que temos aqui". A questão não é resolvida por um outro lugar geográfico, nem pela alternativa de ganhar a guerra em outro lugar porque é impossível vencê-la aqui. Quando a guerra que se faz noutros lugares é importada sob o signo do terror, testemunhamos a existência ficcional de um outro lugar que não é nem lá nem aqui, mas um lugar fantasioso onde não há senão a morte partilhada, para as vítimas ou para seus carrascos. E se um "diferente do outro lugar" fosse possível?

O choque das culturas

A voz mais perversa e mais perniciosa é aquela que apela para o "choque das culturas" entre o Ocidente e o Oriente, tão vazia a noção de cultura se tornou, exceto quando serve para designar o território dos choques. O que dizer, aliás, de um país onde os responsáveis por essa "cultura" se identificam com os agentes de comunicação? As obras do espírito e os gestos da liberdade são produtos num mercado concorrencial da visibilidade e de seu comércio. Porém, o termo "cultura" só poderia ainda ter algum significado se lhe fosse concedido designar o conjunto dos recursos sensíveis, portanto materiais, e dos recursos simbólicos que produzem vínculos sociais em relações de inteligibilidade e de afeto capazes de assegurar as condições de uma vida política. As produções da liberdade se reconhecem naquilo que fazem da comunidade. A cultura tem horror do choque. O "choque das culturas" é um oxímoro inadmissível, pois desastroso. Os vínculos produzidos pelas imagens e pelas palavras ainda dizem respeito às condições que dão sua consistência interna a um grupo social e à regulação das trocas desse grupo com tudo aquilo que considera como seu externo. É certo que ele não pode, em hipótese alguma, assumir o verniz de uma soberania identitária, fechada sobre si mesma. A cultura nasce das contradições, dos conflitos e das inimizades, fonte daquilo que ela põe em relação a partir de uma não relação. A Capela Sistina não poderia declarar guerra a um templo asteca ou a uma mesquita de Sinan, e é evidente que os poemas de Hölderlin não ofuscam Li Po, e não nos deixam surdos para a voz de Omar Khayyam. Os gestos, as palavras, a voz desses autores atravessam todos os limiares e todas as fronteiras, pois têm a radicalidade dos signos de uma hospitalidade incondicional no modo de se endereçarem a todos os sujeitos e a todos os tempos. A guerra travada contra os signos da cultura e seus objetos mais significantes pelos guerreiros fanáticos do Estado Islâmico é um verdadeiro reflexo para o colapso ocidental dos regimes de partilha, quer se trate da partilha dos saberes ou das obras. Quando dois grupos se afrontam e fazem guerra, não é sob a perspectiva da cultura, e menos ainda por razões culturais, mas sempre a despeito de todas as obras e de todos os gestos do saber e da criação. As guerras são motivadas apenas pelo desejo de poder e pela cobiça das riquezas, e elas precisam do ódio, de todos os catecismos da incompatibilidade das vias da salvação. A cultura nunca toma o poder, ela o dá; ela não é fonte de lucro, mas aumenta as fontes imaginárias e alimenta as energias emancipatórias de todos. A diversidade das línguas faz da tradução o recurso fundamental na construção de uma comunidade política. A cultura é poliglota, a ditadura só tem uma língua, e ela se empenha em empobrecer a polifonia para melhor sujeitar o corpo que quer submeter à univocidade e à vocalização consensual. A fábula de Babel teve um destino duplo. A partir de uma primeira leitura, o uso de uma língua única leva à condenação dos orgulhos totalitários, a dos arquitetos que falam "com um lábio só", mas há uma outra leitura que abre à humanidade inteira, em sua própria dispersão, o campo inesgotável e variegado dos signos, no qual se multiplica ao infinito o comércio das imagens e dos signos. Preservar nossa única chance de liberdade é renunciar ao poder, consentir com o mal-entendido e viver os benefícios da dispersão e da diversidade. Stefan Zweig comentou a narrativa bíblica nas maravilhosas páginas de "A Torre de Babel",[18] escritas em 1916. Ele descreve com uma poesia sonhadora, numa veia utópica, a dupla pulsação da fábula, que oscila entre, de um lado, a história sombria do castigo infligido por um Deus invejoso de nossa energia constitutiva e, de outro, a jubilação resistente e inesgotável dos construtores de nossa emancipação. *Babel* é, na verdade, um poema que presta homenagem à irredutível fecundidade das diferenças até nos mal-entendidos. A diversidade das culturas ignora a contradição e a exclusão, eis aí o que faz de todas as obras inovadoras e de todos os gestos inaugurais o signo e a condição fundadora do espaço imaginário de onde surgem toda alegria e toda hospitalidade. Não se trata mais de fazer do amor a fonte única e unívoca na produção dos vínculos, mas, ao contrário, de tratar do intratável, de pôr em relação aquilo que falha em toda relação. As culturas são zonas onde se desdobram constelações imaginárias num espaço osmótico. Nelas, todos podem, sem exceção, pôr em prática seu poder ficcional e experimentar sua energia e sua capacidade de saber, de compreender e de criar numa temporalidade viva. Essa zona, que eu chamaria com prazer de "zona de qualquer operação imagente",[19] não

---

18. ZWEIG, Stefan. La Tour de Babel. In: _____. *Essais*, Tome III. Trad.: Juliette Pary. Paris: Le Livre de Poche, 1996. p. 1235-1239.
19. [N. T.] A filosofia de Mondzain é marcada pelas *"opérations imageantes"*, termo que optamos por traduzir nesta obra como "operações imagentes". A palavra

se reduz às operações visuais, mas diz respeito a todos os gestos notáveis. Esse poder ficcional é atacado pelas indústrias da comunicação, e cada dia um pouco mais erodido pelas fábulas maniqueístas destas. As ideologias de ódio e de racismo expulsam as culturas dessa zona para transformá-las em indicadores territoriais e identitários que impõem um paradoxo próximo a um oxímoro, o da guerra entre as culturas, tornando-se uma "guerra cultural"! As teorias raciais, os antagonismos religiosos, os fanatismos binários são suas exsudações venenosas, que continuam a contaminar o imaginário coletivo de ambos os lados das comunidades que se afrontam. Por isso, falar de radicalidade nesse cenário

---

"*imageante*" se constrói a partir do particípio presente do verbo "*imager*", em desuso no francês contemporâneo, que designava, em sua origem, o ato de enfeitar, de ornar com imagens, mas que ganha um sentido próprio no pensamento filosófico contemporâneo francês. A opção da tradução por "imagente" visa a evitar a confusão entre o uso peculiar do termo feito por Mondzain e palavras da língua portuguesa como "imaginante" ou "imagético", pois essa parece ser a intenção da autora, que não usou termos equivalentes a estes últimos no francês. Noutra ocasião, no *Caderno de reflexões críticas sobre a fotografia*, do Festival Internacional de Fotografia de Belo Horizonte, havíamos traduzido a mesma expressão como "operações imaginais", termo que, a julgar por uma resposta da própria Mondzain numa entrevista ocorrida em 13 de novembro de 2007, publicada no número 113 dos *Cahiers philosophiques*, em janeiro de 2008, também pode ser empregado na mesma acepção: "*La précarisation de ceux qui font des images est le symptôme pour moi immédiat et clair de l'expulsion et de la confiscation des opérations imaginales ou imageantes par un marché de la consommation visuelle*" ["A precarização daqueles que fazem imagens é, para mim, o sintoma imediato e claro da expulsão e da *confiscação das operações imaginais ou imagentes* por um mercado do consumo visual", grifo nosso]. Reproduzimos a seguir um trecho dessa publicação anterior (p. 18), em que a filósofa define o que entende por tais operações imaginais ou imagentes: "Chamo de operações imaginais aquelas que nos fazem produzir imagens e que nos permitem reconhecê-las como tais e lhes dar esse nome. Eu as distingo das operações discursivas por serem também distintas das operações cognitivas, já que estão radicalmente articuladas com os gestos da crença. Porém, isso não reduz as imagens às produções visuais, pois a língua, os sons, a poesia, assim como todas as artes vivas e a música, são produtores de imagens do mesmo modo que os gestos fabricadores de visibilidades propriamente ditas" (MONDZAIN, Marie José. A imagem zonarde ou a liberdade clandestina. Trad.: Pedro Corgozinho. In: VILELA, Bruno (org.). *Mundo, Imagem, Mundo. Caderno de reflexões críticas sobre a fotografia.* Belo Horizonte: Malagueta Produções, 2018. p. 17-29).

é tomar os efeitos por causas. O que está em jogo é precisamente a manutenção ou a desaparição de qualquer radicalidade da vida política, isto é, da raiz ao mesmo tempo hospitaleira e antagonística de qualquer comunidade. O que radicalmente falta é a presença de uma vida política necessariamente fecundada pela energia transformadora da zona viva e rebelde das imagens e das palavras. O que chamamos de "políticas culturais" não passa da gestão financeira da comunicação através das formas consensuais e das figuras que anulam toda energia conflituosa. Como abrir os olhos e encontrar as palavras para falar dessa organização da intolerância e da inospitalidade, que só pratica a retórica da guerra, que apaga e dissolve qualquer conflito em proveito de uma falsa alternativa? Entre o consenso e a guerra, seria preciso escolher, dizem-nos, o consenso, que, para reinar, exige justamente consentimento com a injustiça e com o ódio, logo, com a guerra. Se devemos declarar guerra para obter o consenso, é porque o consenso é medido de acordo com a uniformidade e a semelhança. A própria humanidade é concebida sob o signo do semelhante. "Meu semelhante, meu irmão": eis a fórmula genealógica que reúne os devotos de uma diversidade mentirosa, pois exclui o dessemelhante e o estrangeiro. "Fraternidade" também é um termo demasiado familialista, e seria melhor apelar a um termo menos marcado pela genética. A hospitalidade cria uma fraternidade de adoção entre sujeitos que, antes de tudo, são órfãos.

As adesões religiosas não produzem por definição adversários da laicidade, se considerarmos que as adesões privadas e as condutas de cada um permanecem como um assunto íntimo, ou mesmo comunitário, que não desrespeita as regras da vida política e social, preservada na diversidade das adesões individuais. Para isso, seria preciso admitir que a própria laicidade é um problema do imaginário coletivo que tende a preservar a zona de acolhimento e de partilha. Nesse sentido, o fato de ser muçulmano não provoca necessariamente uma situação conflituosa e menos ainda bélica. Baseada numa profunda incultura, a sociedade ocidental finge esquecer o que deve à história do Oriente Médio. Seja em ciências, em matéria de arte, de filosofia ou mesmo de teologia, a herança médio-oriental é fundadora e irrecusável. Como séculos de colonização e de questões territoriais, nas quais estão em jogo interesses estratégicos e financeiros, podem apagar da memória coletiva a grandeza de sua dívida em relação a suas fontes milenares? A coalescência das culturas em sua própria diversidade foi pensada por um místico muçulmano do século IX, Abu-Yazid Bistamî,[20] traduzido e publicado [na França] por Abdelwahab Meddeb. Nos *Ditos*,[21] seu interlocutor assim se dirige a Bistamî: "Soube que você se desloca de Oriente a Ocidente num piscar de olhos". E Bistamî responde: "Isso é possível, mas é penoso. Já o crente essencial, onde quer que vá, tem o Oriente e o Ocidente entre suas mãos: encontra sua fonte onde quer". Não saberíamos manifestar juntos e melhor a ubiquidade na diversidade e o acesso à totalidade do mundo numa absoluta liberdade. O choque das culturas é, a rigor, uma ideia bárbara. A confiscação das palavras é inseparável dos atentados cometidos contra a língua, pois é a dominação capitalista do mercado mundial que impõe uma monolíngua publicitária, a dos *slogans*, das marcas e das fórmulas de efeito, em imagens e em *globish* [*Global*

---

20. [N. T.] Mais conhecido em língua portuguesa como Bajazeto de Bastã.
21. ABU-YAZID, Bistamî. *Les Dits de Bistami (shatahât)*. Trad.: Abdelwahab Meddeb. Paris: Fayard, 1989. p. 117, fragmento 263.

English]. Pasolini apontou com insistência o desastre político decorrente:

> A falsa expressividade do slogan constitui o *nec plus ultra* da nova língua técnica, que substitui o discurso humanista. Ela simboliza a vida linguística do futuro, isto é, de um mundo inexpressivo, sem particularismos nem diversidades de culturas, um mundo perfeitamente normalizado e aculturado.[22]

Por todo o tempo em que o mundo ocidental cristão permaneceu como mestre incontestado da comunicação pelas imagens e único detentor do monopólio na produção do espetáculo mundial, reinava a convicção de que o choque das culturas se apoiava na recusa da encarnação cristã e de sua consequência, a legitimação do poder temporal por um império das visibilidades que chamo de "iconocracia". Esse império é de origem cristã e não é separável da estrutura capitalista. Hoje, enquanto os dispositivos iconocráticos dominam mundialmente em suas formas mais violentas, seu poder não é mais monopólio do Ocidente cristão, eles estão difundidos em todo o planeta. Essa é a guerra em questão, de leste a oeste, em termos de território, de fluxos financeiros e de doutrinação religiosamente bélica com a tonalidade impiedosa da vingança histórica sobre a perda de uma hegemonia tanto real quanto fantasiosa, quando se trata do mundo muçulmano. Isso depende exatamente das imagens e da noção de cultura. Falamos de guerra de imagens como falamos de choque das culturas. Como toda cultura, o pensamento muçulmano tem

---

22. PASOLINI, Pier Paolo. *Écrits corsaires*. Trad.: Philippe Guilhon. Paris: Flammarion, 1976. p. 35 e seguintes. [*Escritos corsários*. Trad.: Maria Betânia Amoroso. São Paulo: Editora 34, 2020].

uma concepção específica da imagem e das imagens. As operações imagentes são estabelecidas em toda cultura, para onde quer que nos voltemos, a partir de uma relação complexa entre o visível e o invisível. Através de seus mitos fundadores, suas operações materiais e suas produções simbólicas, toda comunidade institui a economia da zona onde se estabelece a circulação entre o visível e o invisível, pois as imagens e as palavras mantêm relações distintas entre a presença e a ausência. Eis o que funda o sujeito que acessa a palavra, cuja economia e plasticidade são reguladas por cada cultura. Assim se organiza, em toda comunidade, a produção dos signos que regulam as relações entre a presença e a ausência, tanto as das coisas como as dos corpos vivos ou mortos. No lugar indesignável[23] dessa diferença entre o visível e o invisível, e em seu próprio cruzamento, o duplo poder dos signos se desloca e se transforma; signos que designam o que não vemos, o que não vemos mais e o que nunca veremos. É também nesse lugar que se institui a produção imaginária da comunidade. Jean-Toussaint Desanti propôs, um dia, a fórmula "o Nós não vê nada"[24] para mostrar que aquilo que produz comunidade, social e política nunca é o espetáculo que se apresenta aos nossos olhos, e ao qual assistiríamos juntos. O "Nós" não compartilha os olhos, mas compartilha o olhar produzido

---

23. [N. T.] *"Inassignable"* é um termo que ocupa lugar relevante em *Confiscação* e que parece corresponder a mais um jogo de palavras de Mondzain, de difícil tradução no português. *"Signe"*, *"designer"*, *"assigner"*, *"assignable"* e *"inassignable"* são alguns dos termos que parecem estabelecer uma correspondência entre si ao longo da obra. O lugar *inassignable* seria um lugar indeterminável, mas essa tradução perderia a remissão ao *signo*, enquanto "indesignável" a mantém sem modificar o sentido da passagem original.

24. *"Nous ne voit rien"*. DESANTI, Jean-Toussaint. Voir ensemble. In: MONDZAIN, Marie José (ed.). *Voir ensemble*: autour de Jean-Toussaint Desanti – Douze voix rassemblées par Marie-José Mondzain. Paris: Gallimard, 2003. p. 17-34.

pelas palavras que dizem o que cada um vê. Mas ninguém, ele acrescenta, vê o que o outro vê.

> É possível que a consistência do mundo comum, do meio comum, não se deva senão às possibilidades de abalo que nele se manifestam, ao fato de que cada um só é vivo para ao menos um outro, e que cada um só é vivo na constituição de um lugar comum, que não é a reunião do lugar de um e de outro, que é um outro lugar, um lugar que contém mais de simbólico que de real. Consequentemente, um lugar invisível.[25]

A disjunção das experiências visuais, fundada na diferença irredutível, logo infinita, que nos separa de qualquer outro, é a experiência singular que produz a zona do compartilhamento entre os corpos falantes, afetados pelo que veem. Não é, então, o visível que o "nós" vê, mas o invisível imanente ao próprio visível, que não designa aqui nenhum além-mundo nem qualquer avesso das coisas, transcendente ou escondido. O lugar do compartilhamento, o comum, Desanti chama de simbólico. Eu prefiro dizer imaginário, por ser aí que se inventa um regime de temporalidade comum num lugar ilocalizável. Não há cultura do olhar que não seja uma cultura do invisível no coração da própria visibilidade. A imagem não pertence a nenhum reino, não é a propriedade de ninguém, não poderia ser mantida presa nos territórios da verdade ou da mentira. Indiferente ao verdadeiro e ao falso tais como definidos pelas operações metafísicas ou cognitivas, ela se pavoneia, inapreensível, na zona onde valida seu próprio poder à luz de uma indeterminação *radical*.

---

25. DESANTI, 2003, p. 24.

Radicalização

"Radical" remete a "raiz", ou seja, traz a questão do começo. Há alguns anos, eu me interessei por aquelas plantas que são chamadas de *saxífragas*, buscando nelas o modelo de uma fecundidade sem raiz, capaz de inspirar qualquer movimento insurrecional na vida política. Porque elas quase não têm raízes e costumam ser semeadas pelo vento, e porque devem seu nome ao poder de seu movimento, capaz de quebrar a resistência das pedras – eu via nelas a figura ativa e subversiva que trazia consigo um desafio, das raízes à radicalidade de uma força sísmica. Sem querer abusar de uma metáfora demasiado naturalista, acredito que é hora de defender o poder radical de todo começo. Onde isso começa? O que começa? É legítimo falar em começo? As coisas começam mal entre os Átridas, com um crime. E quando este crime começa, ele pode se repetir sem cessar. Então, como detê-lo? Se o paramos, é para recomeçar de outra forma, conferindo a todo ator vivo sua potência inaugural. O ato de parar deve ser radical, se quisermos que o novo começo também o seja. Mas tão logo um novo começo inaugura uma nova temporalidade, a cadeia causal põe em funcionamento a armadilha das necessidades inelutáveis. Por isso, é preciso consentir com que o movimento inesgotável da radicalidade venha deslocar e derrubar a consistência e a estabilidade dessa nova ordem. A energia do desejo não se esgota senão na posse de seu objeto, e a radicalidade talvez seja apenas um outro nome do sopro de seu recomeço, do recomeço de sua energia.

Foi assim, orientando meu olhar e evitando que ele fosse, num outro sentido, orientado, que vi diante de mim, com toda sua eficácia falaciosa, o uso já generalizado do vocabulário da radicalidade e da necessidade, proclamada em todo lugar, de "desradicalizar". O prefixo "des", que corresponde ao prefixo alemão "ent", indica a conversão da ação maldita em ação salvadora.

A consequência desastrosa desse pensamento da "desradicalização" é a confiscação do pensamento da radicalidade em benefício de um uso bélico e policial que inelutavelmente associa a radicalidade ao exercício do terror. Esta associação não é menos grave, pois bloqueia qualquer análise histórica e política da deriva assassina e suicidária de toda uma população perdida. Essa perda talvez designe apenas uma desorientação absoluta da radicalidade.

O que nos pedem para entender como radicalização?

A "radicalização" dos islamistas se tornou uma evidência social, cultural e política a partir de uma determinação lexical que operou tanto junto aos especialistas quanto às mídias, que dela se apropriaram de forma quase ávida. Durante muito tempo, aqueles muçulmanos motivados por convicções fanáticas e assassinas foram chamados de "fundamentalistas", o que já queria transmitir que haveria, nos próprios princípios desse monoteísmo, uma verdade "fundadora" de natureza assassina. Olivier Roy é um dos analistas políticos que se consagraram ao exame histórico e minucioso da genealogia do terrorismo e do fundamentalismo. Ao fundamentalismo doutrinal dos anos 1970 se sucedeu, segundo ele, um "neofundamentalismo", que ele acaba por identificar como um "islamismo radical" e ainda o redefine como uma "islamização da radicalidade". Não seria uma "salafização" dos sofrimentos históricos misturados ao mal-estar social? Temos a impressão de que todos procuram a palavra que poderia pôr fim ao desconforto provocado pelo obstáculo irredutível de um real que não se deixa definir. O vínculo dessas palavras com a realidade que descrevem não é maior do que aquele estabelecido por nomes gregos e latinos, exibidos nos jardins botânicos ou zoológicos, que desviam ou desfocam o olhar diante da presença dos seres e das coisas. O debate contraditório entre especialistas como Olivier Roy e Gilles Kepel piora o problema, pois não revela de fato nenhuma contradição verdadeira. Com efeito, não podemos ignorar o emaranhado inextricável das causas dos desastres atuais, considerando os estratos em que foram registrados e inscritos, século após século, dia após dia, os engramas da dor, da revolta e do terror. O *jihad* tem uma longa história, a qual foi retraçada por Asiem El Difraoui, com atenção particular aos métodos hollywoodianos de propaganda pelas imagens.[1] Os traços da memória colonial estão aí, assim como aqueles bem atuais do racismo crescente nos conflitos de classes, os das rivalidades religiosas entre descendências ou ascendências imaginárias e fábulas territoriais. Também os traços das leituras integristas de textos que se reivindicam fantasiosamente como um retorno integral

---

1. EL DIFRAOUI, Asiem. *Le Djihadisme*. Paris: PUF, 2016; e *Al-Qaida par l'image. La prophétie du martyre*. Paris: PUF, 2013.

a fontes tão exaltantes quanto improváveis, as quais vêm, por sua vez, alimentar o sofrimento devido à exclusão e ao desemprego, na presença irredutível de devaneios românticos apaixonados pela gloriosa pureza, de aventuras heroicas, de ritos iniciáticos. Como resumir numa palavra, "radicalização", essa barulheira indistinta da história, essa polifonia desordenada, e, no mesmo movimento, omitir a violência característica do neocolonialismo inerente à sociedade neoliberal? Esta é quem faz perdurar as desigualdades e as exclusões, e legitima as guerras. Como não denunciar a tradição secular e tenaz da inospitalidade, que faz de toda presença heterogênea uma ameaça cada vez mais contaminante e assustadora, sobretudo quando se trata de populações vindas de territórios que outrora foram invadidos, conquistados, explorados e subjugados? Qualquer pessoa que chegar já não é bem-vinda. Se ninguém pode vir, nada mais pode vir a acontecer. Se tudo deve perdurar, o que ainda pode vir a acontecer pela primeira vez?

Não é por ser de uma grande complexidade que essa paisagem social e política deva ser transformada em selva inextricável, termo associado como que "naturalmente" à radicalidade da inospitalidade. Não é pela magia unificadora e a ressonância terapêutica de uma palavra, "desradicalização", que vamos resolver uma questão eminentemente política. A crise da radicalidade não é a marca registrada dos islamistas, o que não passa de um abscesso de fixação. Ela diz respeito a todos nós.

O problema continua a ser inteiramente o de saber o que tornaria legítimo falar de radicalidade diante de todos os comportamentos e a propósito de todas essas figuras da exaltação, do ódio e da dor. O uso do termo "radical" chamou minha atenção, mais ainda pelo fato de esse termo "desradicalização", com que se iludem as instituições encarregadas de "gerenciar" nossos terrores, sugerir à exaustão que os indivíduos terroristas, ou a um passo de se tornarem um, sejam radicais, conquistados justamente por um "islã radical". É dito que nós só poderíamos reencontrar a paz e a segurança se esses indivíduos fossem submetidos a um regime de "desradicalização" que, sem ser uma "desislamização", seria um retorno a um "islã moderado", na falta de algo melhor. Numa palavra, haveria um islamismo cortês que deveria recuperar sua boa forma em companhia do capital e de sua máscara "democrática". Contudo, seria preciso, por prudência e segurança, suspeitar o pior dos que, fugindo do pior, pedem acolhimento e integração no país da "desradicalização". Promovem a moderação na acolhida, determinando um coeficiente de inospitalidade protetor das identidades imemoriais. Um bom muçulmano seria, aparentemente, um verdadeiro laico, isto é, um cidadão que pratica o *ethos* cristão que sustenta "desde sempre" os valores ocidentais da cultura e da república. Assim, se alguém é muçulmano, isso não deve ser visto na aparência nem nos emblemas. Mas também não deve ser escondido. A caça ao clandestino o impõe. É preciso poder identificar os que deveriam ser esquecidos. Só contradições! Só dificuldades insolúveis! Porém, muçulmanos, façam mais um esforço...

Por que a questão dos signos visíveis nunca é colocada em relação aos outros monoteísmos? Pode-se exibir os emblemas do cristianismo e do judaísmo sem ser imediatamente acusado de ameaçar a laicidade.

Teoricamente proibidos, são tolerados. Apesar da proibição em princípio da manifestação das crenças religiosas, os que portam esses emblemas não estão preocupados nem são perseguidos. Em relação ao cristianismo, a identificação com a cultura ocidental é feita em nome da tradição secular, legitimando assim o uso dos signos e a manutenção do calendário festivo para toda a nação. A identidade nacional é um conceito bélico, que se torna policial quando a urgência e a segurança querem a proteger, e que traz consigo uma defesa dos valores cristãos, os quais querem nos fazer crer que são os mesmos dos direitos humanos. Mais complexo é o reconhecimento da comunidade judaica, se querem nos fazer pensar que sua cultura é inerente à cultura ocidental e, assim, integrada "desde sempre" a uma identidade nacional. Para acreditar nisso, basta ter a memória curta e negar a verdadeira fonte oriental do judaísmo e as cruéis variações de sua recepção pelo mundo cristão. O sintagma "Ocidente cristão" é acompanhado hoje de uma atrelagem, embora crítica, ao "judaico-cristianismo", o que se dá desprezando-se as perseguições e sobretudo a junção histórica e culturalmente tão fecunda das comunidades judaicas e muçulmanas. Essa fraternidade das inteligências foi reconhecida e estudada pelos maiores historiadores, cientistas e filósofos do mundo mediterrâneo. Desde os trabalhos inaugurais de Louis Massignon até os de Henry Corbin, de Christian Jambet, de Abdelwahab Meddeb, de Roshdi Rashed, a lista dos que continuam a analisar e a apresentar o que o mundo muçulmano trouxe para a cultura ocidental, inclusive nos períodos de trocas intensas com o mundo judaico e o mundo cristão, não para de crescer. Como esquecer as lágrimas e o desespero de Émile Dermenghem, grande sábio islamólogo e conservador da Biblioteca Nacional de Argel, quando, em 7 de junho de 1962, um comando da OAS[2] pôs fogo na biblioteca e queimou milhares de

---

2. [N. T.] Organização Armada Secreta, grupo de extrema direita criado no início da década de 1960 para defender a manutenção do colonialismo na Argélia.

obras, entre manuscritos e incunábulos? Estes tesouros estão perdidos para todos nós.

Apesar do antissemitismo tenaz que subsiste em toda parte em estado latente, a memória traumática do nazismo e os esforços de integração ecumênica produziram esse conceito de judaico-cristianismo para associar as duas comunidades num destino comum. Sem apagar as diferenças, a fórmula tende a neutralizar séculos de perseguições e permite, em tempos de conflito palestino, apoiar "cristãmente" a colonização da Cisjordânia. As palavras fazem as coisas dançarem, e acabamos não percebendo mais que as palavras soam falsas e entram na dança. A plasticidade da memória é outra quando se trata do destino reservado aos muçulmanos e sua imagem no que é chamado de "inconsciente coletivo". Já foi esquecido que em Auschwitz eram chamados de "muçulmanos" aqueles que paravam de resistir aos piores tratamentos que sofriam? Quando Primo Levi os evoca, começa por escrever uma nota:

> Muçulmano: é assim que os veteranos do campo apelidavam, ignoro a razão, os fracos, os inadaptados, os que estavam destinados à seleção.

Em seguida, ele precisa as características dos que eram chamados assim:

> São eles os "*Muselmänner*", os condenados, a força do campo; eles, a massa anônima, continuamente renovada e sempre idêntica, não homens em quem a faísca divina se apagou, e que marcham e sofrem em silêncio,

já demasiado vazios para realmente sofrer... Eles povoam minha memória com sua presença sem rosto.³

Esses escravos passivos não são mais humanos, e sua condição dá medo a quem, contra tudo, contra todos, e a qualquer preço, quer sobreviver. Mas quem os chamava de "muçulmanos"? E por que, se não para designar o medo inspirado pelo estado temível do não humano, do morto-vivo? A única possibilidade de pensar os vínculos históricos do mundo judaico-muçulmano seria pela experiência da desumanização? A palavra será justificada invocando a submissão do crente a uma vontade transcendente e soberana, cujos decretos exigem a mais extrema passividade. Essa não é a interpretação de Primo Levi, que incrimina em definitivo o sistema do Lager, produtor de escravos empurrados para a morte.

Voltar ao processo

O léxico do fundamentalismo remete à revelação e à transmissão de um sentido originário dos textos. Textos cujos leitores se tornam testemunhas dessa revelação, e isso até o martírio. Designa-se assim o contrário de uma ruptura, pois se trata de um conservadorismo fanático, transcendendo qualquer história e qualquer temporalidade, hostil a qualquer possibilidade de interpretação e mesmo de tradução. Que haja violência nessa postura não significa que ela seja radical. Existem combates radicais que são feitos sem violência, como os que

---

3. LEVI, Primo. *Si c'est un homme*. Trad.: Martine Schruoffeneger. Paris: Julliard, 1987. p. 94-96. [*É isto um homem?* Trad.: Luigi Del Re. Rio de Janeiro: Rocco, 1988].

travam ou foram travados pelos opositores da guerra e os partidários de uma resistência não violenta à ocupação e à colonização. Mas o que se quer dar a entender erroneamente como "radicalização" é o efeito de uma doutrinação progressiva, que demanda a submissão a regras que têm valor de leis e que atingem os domínios mais práticos e os gestos mais banais da vida cotidiana. A comida, a roupa, a higiene corporal, a vida sexual, os ritmos de orações... Nada de íntimo deve escapar à transição do sujeito para a submissão às ordens e, quando ordenadas, às desordens. É uma intoxicação exaltante que se apresenta como estruturante, porque propõe um enquadramento, uma forma de regulação que, longe de qualquer ruptura, quer ao contrário restabelecer uma ordem nos costumes e oferecer sentido ao preencher um vazio. Nesse meio regulador e assegurador, chegam ordens que são integradas a uma existência já enquadrada, assistida e abrigada. A ordenação daquele que é dito radicalizado é, ao mesmo tempo, um ato de colocar ordem no mundo e uma prática mental e corporal que se apresenta como uma resistência a todas as formas de desordem e de falha do sentido. O chamado à revelação dá seu valor iniciático ao consentimento, conferindo-lhe o acréscimo de uma graça, aquela da sua dimensão de promessa escatológica. O convertido é tirado da desordem ambiente, de um sentimento de abandono sem enquadramento. A mensagem o faz entrar numa comunidade virtual que dá a todos os seus gestos cotidianos essa porção de sentido e de eternidade em que a mutação íntima toma uma dimensão universal. Uma inversão das proporções torna incomensurável, por um lado, a ruptura com seu meio e sua família, e, por outro, a ideia de um benefício planetário da resistência. Essa ruptura, longe de ter a radicalidade de um salto no desconhecido, é a separação redentora que, ao contrário, leva ao seio de uma estabilidade tão fantasiosa quanto imemorial. Encontramo-nos então diante de dois regimes contraditórios da submissão a uma ordem considerada como inelutável. O sistema liberal defende a necessidade irredutível de uma ordem que se imponha sob o signo da desregulação geral das trocas comerciais e de todas as relações. Esse sistema denuncia a insubmissão dos que preferem submeter-se aos fornecedores de enquadramento, de regras, de ordens de todo tipo, as quais lhes conferem o sentimento de escapar deste mundo sem bordas, um acesso ao ilimitado. O extremismo se faz carrasco de seus mestres, na língua de seus mestres. O sinal foi dado no 11 de setembro de 2001. Por isso, é importante discernir, aqui, o que essa pretensa radicalidade tem em comum com um "mau infinito". Aos recrutas, é proposta a experiência inebriante do ilimitado num além tanto geográfico quanto fantasioso, ainda que custe a catástrofe. Onde pode ser reconhecida, em tudo isso, a única radicalidade verdadeira, aquela que faz de todo sujeito o autor de sua ação, um ator livre no seio da comunidade? O que nos parece ser uma escolha por abismos, pois há "abismamento", é paradoxalmente uma precipitação num duplo movimento, que junta a embriaguez idealizadora do herói ao desejo de encontrar refúgio no calor de uma proteção, ainda que esta seja sacrifical ou incendiária. O desejo de acreditar, constituinte de toda fiabilidade num mundo comum, transformou-se em desconfiança. O vocabulário da crença é aqui o da violência que é própria à persuasão e à doutrinação. É preciso que se faça acreditar para obter a submissão. É preciso lembrar o mecanismo bimilenar que institui as operações eficazes de um sintagma: "fazer ver[4] é fazer acreditar, e fazer acreditar é fazer obedecer". O reconhecimento do vínculo que articula estreitamente a crença à submissão foi um dos impulsos decisivos do recurso às imagens, à informação e às emoções visuais para produzir a comunidade de fiéis no âmbito de uma instituição dominante.

Hoje, é num clima de incredulidade e de desconfiança que se propaga a suspeita generalizada a respeito das "mentiras" dos poderes. "Não se pode mais acreditar em ninguém" é a fórmula que alimenta as teorias da conspiração. Como observava Tucídides, quando ninguém mais é confiável, quando os contratos são violados, as promessas não mantidas, a questão deixa de ser sobre "em quem acreditar?" e passa a ser "em que acreditar?". É então que a doutrina vem para preencher o vazio deixado pelas vozes mentirosas e as vozes daqueles que não mantêm suas promessas.

É nessa paisagem psíquica, que recorre tanto a nossos sonhos de infância quanto a nossas exigências de fiabilidade intersubjetiva, que os prosélitos se encarregam de deixar insensível, e até redentor, o abafamento do desejo provocado por esse tipo de enquadramento. Recorrem à instância imaginária e fiável daquele "que nunca se engana, nem nos engana", como recita o catecismo católico. Assim se põe a cintilar um extracampo do quadro, um lugar de liberdade prometido sob o signo da viagem para um além, morada da verdade, e sob o

---

4. [N. T.] "*Faire voir*": embora comumente traduzida como "mostrar", optamos por traduzir a locução literalmente como "fazer ver", mas achamos prudente chamar a atenção do leitor para a dicção mais comum em português. A razão dessa escolha é a relação estabelecida por Mondzain mais adiante – seção "Pistas", subseção "Dissenso" –, a partir de Jacques Rancière, a respeito da forma como a "partilha do sensível" coloca em uma nova relação o fazer (*le faire*) e o ver (*le voir*), donde o jogo de palavras com "*faire voir*".

signo do sacrifício recompensado por uma eternidade de beatitude. A receita é milenar. Como é possível que o monoteísmo cristão não reconheça os incentivos de que outrora, eficaz e brilhantemente, se servia, colhendo todos os benefícios extraídos da submissão de um povo composto por fiéis? Converter, enquadrar, fabricar a docilidade coletiva a título de comunidade, impor regras, salvar o mundo a preço de sacrifícios e de massacres, se necessário, enquanto promete a eternidade. Em todas as estratégias da conversão, o que está em questão é a construção de um exército pronto a servir o poder temporal dos mestres, seu poder material, suas conquistas territoriais e suas instituições. A proliferação das seitas e das associações carismáticas nunca parou de disseminar artigos de fé que asseguram a dominação dos corpos e dos espíritos. A colonização fez deste, e continua a fazê-lo, o princípio de penetração ideológica que sustenta os imperialismos. O que as mídias e os analistas chamaram de "radicalização" é tudo, menos uma provação radical. É uma operação política de conversão pela via retórica de uma propaganda antiga, mas inesgotável: aquela que enviava às cruzadas, justificava o martírio, legitimava os massacres para construir impérios. Perguntamo-nos se não foi da mesma forma que o estalinismo conseguiu obter a mais desastrosa obediência e a cegueira submissa diante das mais criminosas imposturas. Quando Hannah Arendt abandona a radicalidade do mal para falar, ao contrário, de situações extremas, ela indica que o extremismo é indissociável do pensamento totalitário. Somente as ditaduras submetem os sujeitos à dessubjetivação, e a resistência ao totalitarismo só tem como recurso a defesa e a manutenção da vida do pensamento enquanto condição de vida política, e isso correndo o risco da radicalidade e de todos os perigos. Não caberia a nós, portanto, perguntarmo-nos sobre a natureza do sistema político atual, que torna possível e ativo um regime de terror e de criminalidade no coração de nossas cidades? Mas o capitalismo, tendo tomado de empréstimo o léxico da democracia e as formas constitucionais da representação, parece não poder mais ser interrogado sobre a figura atual do totalitarismo, totalitarismo que ele implementa em nome da globalização dos desafios financeiros e da lenta expansão do mercado. Pasolini foi um dos primeiros a denunciar esse novo totalitarismo, que se esconde atrás do vocabulário neoliberal da "democracia".

> Uma boa parte do antifascismo de hoje, ou ao menos do que é chamado de antifascismo, ou é ingênuo e estúpido, ou pretextual e de má-fé. Na verdade, combate, ou finge combater, um fenômeno morto e enterrado, arqueológico, que não é mais capaz de amedrontar ninguém. É um tipo de antifascismo confortável e tranquilo. Estou profundamente convencido de que o verdadeiro fascismo é aquilo que os sociólogos com demasiada gentileza chamaram de sociedade do consumo.[5]

Algumas palavras sobre o integrismo

Além do vocabulário do fundamentalismo, o uso do termo "integrismo" já havia servido para designar católicos e judeus que reivindicavam a pureza de seus costumes e sua fidelidade inflexível a uma pretensa pureza

---

5. PASOLINI, Pier Paolo. Entrevista por Massimo Fini, 26 de dezembro de 1974, em L'Europeo, e publicada na edição citada dos Écrits corsaires, p. 268.

doutrinal. *Integer*, em latim, significa "intacto", "não tocado", portanto, puro e virginal, protegido de qualquer pecado. Em todos os meios integristas, quaisquer que sejam, foram as mulheres que mais se sacrificaram, e ainda é assim. Aos poucos, preferiu-se reservar esse termo aos monoteístas integrados, que, mesmo quando são aterrorizantes na violência de suas ações e de seu proselitismo, nunca são chamados de "terroristas". No caso dos judeus integristas, mesmo o uso do termo "ortodoxia" é consentido, como se fosse aceita essa autodesignação desses religiosos, que significa que eles seguem uma via mais reta e mais justa que qualquer outra. Estes nunca foram objeto de uma preocupação de "desintegração", visando a deixá-los sóbrios para melhor os integrar. Não foram chamados de "radicais", enquanto os integristas muçulmanos, que hoje assim são chamados, tornaram-se os sujeitos da "desradicalização". É verdade que isso permite fazer da "desradicalização" uma iniciativa que pretende dar uma chance de integração aos ditos radicais, que têm, há dois séculos, a maior dificuldade em serem considerados como integrados à comunidade. Numa palavra, querem desradicalizar esses novos radicais para os integrar, sem, no entanto, procurar "desradicalizar" aqueles integristas, já que são reconhecidos como parte integral da comunidade social e política. Mas nos é dito que é porque eles não ameaçam a integridade da comunidade; fazem parte dela "desde sempre". Sua violência não é, porém, apenas simbólica. A violência dos integristas cristãos, em nome de um puritanismo dos costumes e de uma purificação do Ocidente, não recua diante de nenhum assassinato, não se contenta em ser a lembrança histórica das cruzadas, da Inquisição, das guerras de religião, já que a extrema direita europeia usa redes sociais para divulgar a voz do ódio que provoca os massacres. Breivik foi um recente e sinistro caso emblemático.[6] Mas esses são considerados como um lamentável apêndice de nossa própria história. Eles têm direito a seu ato de contrição e aos gestos de perdão.

A desradicalização dos islamistas pretende ao contrário assumir as condições de sua integração. Foi preciso chamá-los de "radicais" e não mais cobri-los com o verniz do integrismo, nem com a máscara da ortodoxia. Acontece que eles são implicitamente definidos como estrangeiros para a comunidade. Sob o fundamento implícito de uma irredutível estranheza de todo estrangeiro, aceita-se, como uma consequência que daí decorreria naturalmente, o isolamento e a exclusão a que são submetidos. Dito de outra forma, a radicalidade implícita da rejeição é a abertura dissimulada para a acusação de radicalidade, palavra que expressa, como resposta, a exclusão natural daqueles que são suas vítimas antes mesmo de se tornarem por sua vez os carrascos, e que o seriam então, por natureza, antes mesmo de desenvolverem uma resposta de carrasco. Finge-se ignorar que o salto operado pelo carrasco para se isolar é como o isolamento inconfundível sentido há décadas no âmbito institucional, educativo e cultural. O *jihad* não é um retorno a algum estado bárbaro da natureza, nem a alguma verdade originária de uma crença. É uma invenção bem atual, que exerce as formas mais atuais de violência. O que não é novo é tentar justificar essa violência colocando nela uma máscara da revolução purificadora. Estranho mercado entre duas formas de submissão, a que é sofrida e a que se faz sofrer, e esse mercado não abre nenhuma possibilidade para um gesto

---

6. [N. T.] Referência a Anders Behring Breivik, norueguês de extrema direita e cristão que assumiu a autoria dos atentados terroristas do dia 22 de julho de 2011 na Noruega.

de emancipação e de liberdade. Essa má interpretação do isolamento e da insubmissão tem por consequência que se justifique que a privação de nacionalidade seja encarada, mesmo para um cidadão francês designado como radical, como uma ameaça que parece completamente impensável no caso dos outros integristas. Nos Estados Unidos, o integrismo cristão chega a fazer parte da identidade nacional. Assim, em nome da integridade dos valores nacionais, fez-se ouvir o chamado às cruzadas e foi legitimado o uso civil das armas. Não é preciso dizer que o integrismo é o terreno do racismo e do nacionalismo mais fanáticos e que, aliás, foi pelas teorias racistas que se impuseram os temas do enraizamento originário e natural de qualquer legitimidade pretensamente imemorial. Paradoxalmente, todos os extremismos recompõem uma fábula histórica que os enraíza no imemorial de um essencialismo atemporal que compartilham com seu deus único, e, no mesmo movimento, todas as suas narrativas e seus livros de história enumeram as grandes datas, os melhores momentos e os gestos heroicos que fazem deles os campeões gloriosos de uma cronologia falsificada: "Joana D'Arc desde sempre..." é o sintagma paradigmático das imposturas da memória que todos estão prontos a qualificar como radical!

A convicção e a conversão vêm preencher um vazio, saturar o lugar íntimo da completa falta de sentido e tapar com palavras, com imagens e com promessas um desastre do imaginário coletivo. É nesse modelo que existiam fundamentalistas cujas convicções quase religiosas em nome do comunismo pressionavam a usar todos os procedimentos do terror e os praticavam sem se abalarem. Mas, objetar-se-á, esses integristas não são propriamente idênticos aos terroristas atuais. Hoje, as "conversões" passam pela habituação viciante às imagens midiáticas, ao espetáculo de sua violência e de sua sedução. A conversão a um valor universal de um maniqueísmo fantasiado, tal como a guerra do bem contra o mal, atinge de forma brutal a liberdade dos corpos, da expressão e da criação. Por essa via, a extrema direita não é menos "radical" que o islã. Ambos estão no extremismo, que não é a radicalidade, precisamente. Por que as pessoas pensam que o extremismo de direita, quando inspirado ou sustentado pelos dois outros monoteísmos, apresenta um problema de ordem política, que evoca o combate político e não o trabalho de uma célula de desradicalização, enquanto o extremismo baseado numa ideologia islamizante não representaria nenhum problema político, mas necessitaria de um tratamento psicológico e policial de sua pretensa radicalidade? Essa não seria, ao contrário, uma abordagem agravante, que mais uma vez reconduz o caso do mundo muçulmano a uma especificidade originária e ameaçadora, merecedora de um tratamento diferente daquele dado aos outros extremistas? A esse argumento, replicar-se-á que os extremistas "desradicalizáveis" são terroristas reais ou potenciais, enquanto os outros não semeiam o terror nem cometem massacres. Isso não seria esquecer a extraordinária violência dos assassinatos de Columbine e de Utoya; aqueles que os movimentos neonazistas perpetram ou estão prontos a perpetrar; os partidários de Orbán e de Putin? Não seria negar o fanatismo nacionalista daqueles que são chamados tão respeitosamente de judeus ortodoxos? Não seria esquecer também a multiplicidade dos crimes racistas e homofóbicos, os já cometidos e os que continuam a ser preparados na sombra das pseudodemocracias e na luz crescente das ditaduras oligárquicas, as quais só buscam uma coisa em sua manipulação retórica, que é legitimar a confiscação dos recursos do mundo? Não devemos, ao contrário, radicalizar a luta política a ser travada em conjunto contra a corrupção e a verdadeira criminalidade, aquela da ordem a que as potências capitalistas querem reduzir o mundo? Mas haverá quem diga que as violências terroristas são hoje igualmente exercidas por sujeitos que parecem perfeitamente integrados. "Os recrutas do Estado Islâmico vêm de todos os meios" – os "desradicalizadores" repetem sem cessar. São sobrepostos, na maior confusão, os interesses que alimentam as guerras no Oriente Médio e a exigência não atendida de radicalidade de toda uma geração que não quer mais este mundo, ao mesmo tempo que não vê nenhum outro possível. O esgotamento imaginário de uma juventude faminta se nutre cegamente de tudo que se lhe dá a pastar. Os pais estão em lágrimas e como que desprovidos diante de seus filhos que são, ao mesmo tempo, desiludidos e enganados. Fomenta-se a confusão entre as causas endógenas e os conflitos internacionais. Partir "para outro lugar" não significa que se saiba realmente em que consiste esse outro lugar, esse "*anywhere else of the world*", cujos recrutadores, que alimentam tais movimentos fanáticos e belicistas, são na verdade parceiros ativos do neoliberalismo.

"Partir": esta palavra que faz sonhar é associada sem medo à morte, e o discurso que promete a viagem é aquele cujos traficantes conhecem a sua magia sedutora. São eles que manipulam até a exaustão o desespero dos desenraizados e sua sede de ideal. Eles usam o léxico da promessa, ao qual as instituições sempre recorreram, e sem nunca manter seus compromissos. Sob pretexto de uma guerra implacável contra os infiéis, os agentes do Estado Islâmico exploram, como profissionais da comunicação, as imagens do terror e da destruição, condições da fidelidade à promessa. Trata-se de uma guerra de comunicação, em que as imagens desempenham um papel decisivo para propagar, sob o signo da crença, a fascinação e o temor no emaranhado de figuras do apocalipse com figuras da escatologia. Mas, ao lado da guerra de comunicação, a questão econômica também é decisiva. Os recrutadores vão ao encontro de uma população que vive a desigualdade de condições e o desemprego como uma privação de qualquer acesso aos privilégios da riqueza. A sociedade capitalista nunca deixa de glorificar e de servir a um mundo onde o sucesso se mede à luz da aquisição de todas as mercadorias e de todos os signos que a publicidade designa como os emblemas do reconhecimento social. Assim, sair da invisibilidade é algo que acontece de diversas maneiras. Uma pessoa pode fazer tudo o que for preciso, a qualquer preço, para se tornar cliente de um mercado em que o sujeito se torna, ele próprio, o lugar espetacular que cintila tanto no espaço real quanto no virtual. "Tudo pode ser vendido, tudo pode ser comprado", eis a fórmula dos novos totalitarismos, cujo corolário é: "nem todo mundo pode comprar tudo, mas poderia comprar se aceitasse ser comprado", "todo mundo pode consumir de tudo com a condição de ser consumível". O poder é identificado com a riqueza; a riqueza abre uma participação no mercado. As agências de comunicação publicitária vendem aos produtores de mercadorias uma clientela de compradores que se tornam, por sua vez, mercadorias disputadas pelos concorrentes. Essa é a promessa: coloca uns em situação de fracasso e os outros em rivalidade. Se essa visibilidade adquirida com a ajuda do "dinheiro fácil" fornece e alimenta a embriaguez do consumo e do espetáculo, também é possível, ao contrário, desaparecer e até mesmo consentir com sua própria desaparição ao se entregar a atos incendiários e sanguinários. Espera-se, então, da inflamação midiática a recompensa espetacular dos incêndios que provocamos. É essencial estar na tela e diante da tela. Esse estranho negócio entre o visível e o invisível é completamente solidário com um investimento massivo e viciante nos gestos produtores de imagens. "Cuide de sua imagem" foi a fórmula que me propôs um jovem homem a quem eu pedi para definir em uma palavra o que chamava de "o sistema"; sistema no qual ele prometia truques e delitos para chegar ao topo do sucesso, dizia. As imagens da felicidade e do sucesso propostas pelos prosélitos são inseparáveis dos modelos dominantes, dos quais esses prosélitos são os próprios parceiros miméticos. Com efeito, eles são os próprios agentes eficientes de um lucrativo mercado *off-shore* onde se negocia seu espólio.[7] Não há nada de radical nisso tudo. Muito ao contrário, trata-se de um mercado de coisas, de recursos, de imagens e de ideias cujo núcleo não é outra coisa senão uma guerra entre as potências financeiras que, a leste e a oeste, disputam as fronteiras dos territórios de suas riquezas e de seus poderes. Sozinhos, os curdos ainda se mantêm de pé e combatem na tormenta para, como fazem os palestinos, obter o direito de ter um país, um país que lhes dê o direito de viver.

Foi certamente a inflamação política da situação no Oriente Médio, que se deu a partir de situações bélicas devidas tanto a contradições internas entre os Estados quanto à violência das intervenções ocidentais motivadas

---

7. "Entrepôts de luxe. Les ports francs, un carrefour du marché de l'art", *SWI*, 18 de julho de 2021; "À Singapour et à Genève, le 'business' des ports francs", *Le Monde*, 29 de janeiro de 2013; "Les ports francs, ultra-sécurisés et pourtant risqués", *Tribune de Genève*, 18 de maio de 2015; "Ports francs de Genève, un gigantesque garde-meubles du marché de l'art", *L'Express*, 18 de março de 2016.

por interesses estratégicos e financeiros, o que determinou a transformação do vocabulário na análise dos eventos. O vocabulário do mundo muçulmano deu lugar ao léxico do islã, e esse islã se tornou "radical" mais precisamente com os eventos do Afeganistão, a Guerra do Golfo e, finalmente, os atentados de 11 de setembro. Jornalistas e politólogos passaram a falar do islã apenas da forma como se fala de uma doença que, estranhamente, ameaçaria os próprios muçulmanos. A violência dos conflitos e o clima de guerra e de crimes provocaram curiosos encontros com o vocabulário kantiano do "mal radical". Sem que tivéssemos consciência disso, a questão dos fundamentos da religião muçulmana se deslocou para se tornar aquela da radicalização de uma onipresença do mal.

"Radical" não quer dizer mais nada além de "antagonismo absoluto entre o Bem e o Mal", o que induz uma escolha entre a vida e a morte: os mais fracos preferem consentir com sua própria morte do que com alguma partilha. Eis o que coloca o Ocidente à prova do pior, pois é chamado de "terror" o pavor mortal que inspira o assassino sem medo de morrer. O léxico da cruzada, do *jihad* e do martírio funciona para os dois lados. O mundo ocidental é fobocrático, e sobre essa base imaginária, percebida pelo inimigo, o regime do terror e do martírio constrói sua eficácia.

Desradicalização ministerial

O que impressiona na primeira leitura dos programas ministeriais de "desradicalização" é a psicologização exagerada do problema, o que permite evitar ao máximo que se interrogue a paisagem histórica e política na qual circulam e se perdem os potenciais *"serial killers"*, que passam a ser chamados de "terroristas". A maior parte deles são jovens, e é a ruptura com o meio familiar e as instituições educativas que faz soar o alarme. A primeira etapa consiste em definir e em descrever os sintomas da radicalidade. O texto publicado pelo Ministério da Educação francês, intitulado *"Prévenir la radicalisation des jeunes"* ["Prevenir a radicalização dos jovens"], é assim introduzido:

> Este folheto é uma ferramenta de prevenção da radicalização dos jovens, destinado a chefes de estabelecimento e a equipes educativas. Ele caracteriza o fenômeno de radicalização e oferece um certo número de seus sinais identificáveis à vigilância de funcionários. Por fim, indica o que convém fazer quando esses sinais são observados.

E segue assim:

> A radicalização é a ação de tornar mais intransigente o discurso ou a ação.

Os comportamentos que devem ser sinalizados e tratados são os seguintes:

> Discursos antissociais virulentos ou violentos. Multiplicação das tensões ou dos conflitos com outrem. Rejeição e discurso de condenação da sociedade ocidental,

em relação à sua organização, aos seus valores, às suas práticas (consumismo, imoralismo...). Rejeição sistemática das instâncias de autoridade: pais, educadores, professores etc. Rejeição das diferentes formas de vida em coletividade, fechamento, mutismo.

Portanto, trata-se, de fato, de um comportamento crítico, de rejeição e de isolamento, "relacionado a um processo de domínio". Esse domínio é definido como

> adesão e lealdade incondicional, afetiva, comportamental, moral e social, conduzindo a uma obediência absoluta, um temor de sanções, e, nos casos mais extremos, esse processo pode levar a uma atitude suscetível de conduzir ao extremismo e ao terrorismo.

O que está em questão é tratar os sintomas ou assumir as causas? Os programas ditos "de desradicalização" vêm naturalmente ocupar o espaço de uma autoridade parental. Busca-se, então, o remédio radical que deve combater a radicalidade de um islã designado como radical.

Essa descrição da intransigência, da solidão e da ruptura pode, em outras circunstâncias, caracterizar igualmente bem o comportamento daquele que, engajando-se no caminho de sua emancipação, se esforça para se desfazer dos vínculos que o impedem. Não negociar mais com a ordem imposta, colocar-se em desacordo com as regras e as crenças a que fomos submetidos, duvidar radicalmente da verdade dominante: estes são gestos que lembram aqueles de todos os combates pela liberdade de pensamento e de ação. Como consequência, a questão da desradicalização arrisca tornar-se um atentado às forças vivas dessa "intransigência", que poderia, ao contrário, ser reconhecida como a manifestação de uma exigência, a de um outro mundo diferente do que nos é apresentado como inelutável. Não está em questão ver nos massacres fanáticos e nos atos niilistas a prova de uma liberdade qualquer, e menos ainda identificar nisso os traços de um desejo de emancipação. Trata-se, antes de tudo, de parar de reconhecer nisso uma radicalidade. Tomamos de empréstimo de André Gide a seguinte fórmula: "Falta imaginação aos assassinos". Como entendê-la, senão como a indicação decisiva do fracasso dos recursos da imaginação, fracasso este que deixa nossa violência originária no isolamento dos afetos do registro pulsional? Então, mais do que desradicalizar, trata-se antes de transformar essa violência sem diminuir sua energia, e fazer surgir dela a exigência de emancipação que é inerente à juventude, assim como, na verdade, é inerente a todo sujeito cuja dignidade e cujos direitos são confiscados. O que precisamos compartilhar com aqueles que matam e que querem morrer é, ao contrário, a alegria de existir e o direito de viver. Dito de outro modo, não é em termos de enfraquecimento das forças, de diminuição, de restrição nem de privação que se deve tratar politicamente esse extremismo. É com um gesto de doação, de oferta e de acolhimento que podemos devolver a vitalidade do desejo àqueles que estão suscetíveis a se submeter a todos os que ditam ordens. Em vez de continuarem sem nada receber e nada poder, eles podem descobrir que são ricos em recursos que nos faltam e que, por sua vez, têm algo a oferecer.

As instituições querem continuar a dizer, e talvez também a acreditar, que desradicalizar é desmistificar, denunciar mentiras e voltar ao real. Essa convicção sustenta a via terapêutica empreendida de modo normativo, assim como se tira alguém de um sonho ao lhe explicar que se tratava de um pesadelo e que é preciso esquecê-lo. Esse retorno à realidade deixa totalmente de lado duas coisas: primeiro, que não se priva alguém de seu sonho sem o privar de uma parte de sua energia imaginária. Trata-se, antes, de escutar a narrativa do sonho e de entender, ao mesmo tempo, sua queixa e a questão ideal de superação de si naquilo que é denunciado como mentira e pesadelo. A dificuldade vem do fato de se querer acabar com os efeitos mortíferos de uma energia idealizante, quando seria melhor preservar essa energia e modificar seus parâmetros para preservar a radicalidade das exigências imaginárias. Trata-se, pois, de "desradicalizar" o real para lhe devolver sua fragilidade e sua obsolescência. Não mais acreditar, nem persuadir, que a "desradicalização" é uma oferta de enraizamento num real consensual. É melhor devolver sua plasticidade e seu poder de transformação a um real insuportável e decepcionante que é apresentado como inelutável. Para isso, não há outro meio de emancipação que não seja a criação compartilhada da cena sensível e paciente em que cada um pode provar sua capacidade crítica e seu poder criativo. Logo, não tem nada a ver com uma célula[8] médica que, pretendendo saber no que consiste a saúde do corpo e do espírito para todos,

---

8. [N. T.] O termo "célula" é usado aqui e em outras passagens do livro como referência ao debate na França sobre as *cellules de déradicalisation*, as células de desradicalização, como ficaram genericamente conhecidas as instituições estabelecidas no país depois dos ataques terroristas de janeiro e de novembro de 2015, com financiamento público e com o propósito de acompanhar e desradicalizar jovens enquadrados no perfil de possíveis extremistas. Tais instituições, a exemplo da associação Maison de la Prévention de la Radicalisation [Casa da Prevenção da Radicalização], gerenciada por Sonia Imloul, acabaram por se tornar objeto de polêmicas envolvendo corrupção e a criação do que foi chamado pela mídia francesa como um "*business*" não muito sério, pois vendia a ideia de ser um centro de especialistas quando, na verdade, apesar do financiamento público, mantinha um corpo reduzido de funcionários considerados amadores para lidar com o propósito sensível a que se propunha. Ver, por exemplo, "Déradicalisation, un business pas très sérieux", *France Inter*, 10 de novembro de 2016.

imporia um método de desintoxicação. Podemos reler a declaração de Kant:

> Um governo que fosse instituído sob o princípio da benevolência para com o povo, do mesmo modo que um pai em relação a seus filhos, ou seja, um governo paternal onde, portanto, os súditos são obrigados, assim como crianças menores que não são capazes de distinguir aquilo que lhes é útil do que lhes é pernicioso, a se comportarem de forma simplesmente passiva, para esperarem unicamente do julgamento do chefe do Estado a maneira como devem ser felizes, e que ele o queira dependeria unicamente de sua bondade; um tal governo constitui o maior despotismo concebível.[9]

Mas os sujeitos da desradicalização são justamente os menores; uma possível resposta a isso consiste em dizer que um comportamento de ruptura e de abismamento indica precisamente um desejo de emancipação que não tem o que fazer com as normas do estado civil. Ser adolescente é estar em plena mutação, e a mutação do desejo é inseparável do desejo de mutação. O enquadramento do "vício" propõe aos adolescentes se tornarem os agentes eficazes e dedicados de uma causa que é apresentada em apelo a seus afetos. Enquanto atores que se sentem privados da cena onde teriam um papel e uma visibilidade social gratificantes, eles aquiescem a propostas cênicas sublimes e espetaculares ao mesmo tempo. Concedendo espaço e tempo à expressão e à

---

9. KANT, Immanuel. Sur l'expression courante: il se peut que ce soit juste en théorie, mais en pratique cela ne vaut rien [Sobre a expressão corrente: isto pode ser correto na teoria, mas nada vale na prática] (1793). In: _____. *Théorie et pratique*. Trad.: Louis Guillermit. Paris: Vrin, 1967. p. 9-60.

escuta desses jovens, é possível responder às derivas do imaginário.

Se as instituições constatam sua falha em todos os procedimentos ditos de "desradicalização", isso acontece justamente porque não se trata de abolir a radicalidade para trazer de volta os sujeitos à verdadeira humanidade, cujo critério seria um humor conciliador e reconciliado com um mundo dessacralizado e tranquilo. Tudo é feito como se se tratasse, para os ditos radicais, de mudar de campo para se integrarem a uma sociedade desprovida de qualquer horizonte político. É esperado da desradicalização que aja como o despertar que tira o sujeito do pesadelo e o volta a adormecer assim que possível para lhe proporcionar um outro sonho, o de um retorno à ordem e à saúde. Para isso, o que se quer do sujeito radical é que renuncie a mudar o mundo, renuncie até a mudar de mundo. Enquanto a radicalidade do sujeito desejante não for levada a sério nem respeitada, não é possível construir o encontro que abriria o espaço de um deslocamento do pensamento e ofereceria o da ação. Por que não os associar à nossa ação comum, recusando, junto a eles e ao lado deles, o mundo que nos esmaga juntos?

As técnicas mais sofisticadas da comunicação mundial difundem mensagens de extrema banalidade. Demandas elementares recebem respostas elementares em matéria de amor, de sexo, de esperança, de prazer e de relações, num regime de desmaterialização e de desencarnação completa de qualquer experiência de encontro. A dessubjetivação do desejo se deixa levar pelo fluxo dos novos impulsos que fazem cintilar as figuras do sublime. Essa é a necessidade à qual é preciso responder, não para abolir sua força, mas, ao contrário, para nutri-la com recursos novos, com saberes e gestos criativos que abrem as portas da emancipação. Quais são esses recursos, senão os da partilha da palavra nos gestos de hospitalidade e nas lutas pela igualdade? A questão das mulheres é essencial nesse combate pela emancipação, pois as ameaças que pesam sobre elas nos três monoteísmos favorecem cada dia mais uma regressão massiva de seu espaço e de sua liberdade. A questão do véu é precisamente a ocasião crítica disso. Graças a uma polêmica muito bem direcionada e decisiva, esse debate permite dissimular, assim como um véu, as imagens mais reacionárias e predominantes do mundo do liberalismo "judaico-cristão" em relação ao papel das mulheres, à sua imagem e à sua ação política. Enquanto o mercado as desnuda e as exibe sob a dupla figura da mercadoria erotizada e da consumidora satisfeita, a comunicação política da extrema direita quer reconduzir as mães às tarefas de procriação, e os casais "normais", a seus deveres conjugais. Enquanto membros historicamente mais escravizados da humanidade, cabe às mulheres em primeiro lugar a reapropriação da radicalidade de seu poder e de seu combate. A chance mais segura de uma vitória depende de sua determinação. Por isso, elas precisam associar suas lutas a todos os levantes contra a escravidão, o racismo e todas as outras formas de exclusão e de subserviência. Nesse sentido, a radicalidade é feminista, sendo importante que não haja mais consentimento com uma imagem das mulheres que as identifique a todos os dispositivos reprodutores ou miméticos. A radicalidade do amor pode ser criadora sem ser procriadora. É no terreno da radicalização que deve ser construída a igualdade concernente a todas as vítimas das formas modernas de escravidão. A confiscação da radicalidade é a pior mutilação que pode ser imposta a uma juventude que quer dar sentido a suas ações. A "desradicalização" só pode ser vivida como a derrota das forças constituintes do pensamento e da imaginação.

Os inimigos da liberdade faziam a mesma coisa sob a Inquisição para se livrarem dos judeus, e, durante as guerras de religião, para se livrarem dos protestantes. Basta ler o relato no livro de Denis Crouzet e de Jean-Marie le Gall.[10] Isso não mudou até os desastres do século XX, de leste a oeste. Não dar ouvidos à sonoridade espantosa, ao rugido apocalíptico dos atos de terror, é como reconhecer vítimas somente do lado daqueles que os algozes sacrificam. A devastação está em toda parte, pois os assassinos são suicidários. No niilismo dos aterrorizantes, há a raiva da impotência, o estrondo triste da derrota. A fantasia de superpoder é seu oposto, tanto do lado das violências terroristas quanto das violências securitárias. Todos pensam que só a força pode tudo e ficam, assim, reduzidos a relações de força. Em todo lugar, o jogo sempre conflitual da própria liberdade é que se tornou inimaginável.

A ideologia salafista reivindicada pelos terroristas exclui qualquer interpretação anarquista dos gestos destes. Eles são, ao contrário, fortemente enquadrados, tanto no plano do imaginário quanto naquele do espaço midiático. Parece mesmo que o âmbito da midiatização leva a melhor sobre qualquer outra consideração. Será que esses gestos são revolucionários? Se este fosse o caso,

---

10. CROUZET, Denis; LE GALL, Jean-Marie. *Au péril des guerres de Religion. Réflexions de deux historiens sur notre temps.* Paris: PUF, 2015.

seria preciso, como explica muito bem Jenny Raflik,[11] considerar um ato terrorista como um gesto político:

> Se a luta contra o terrorismo é uma guerra, o terrorista se torna um combatente, e não mais um criminoso. Isso remete ao direito da guerra e não ao direito penal. Ora, esta é justamente a reivindicação dos terroristas de todos os tempos.

Se, ao contrário, for considerado que o terrorista põe a democracia em perigo, são tomadas medidas de exceção que contradizem o respeito às próprias regras democráticas, ao transgredirem os direitos fundamentais de todo cidadão. Assim foram votadas, em 1893, as "leis celeradas", autorizando as prisões preventivas. Jenny Raflik lembra a declaração feita em 1899 por Francis de Pressensé e Émile Pouget, "associados a um jurista anônimo que não era outra pessoa senão Léon Blum":

> Ao longo deste século, a França viveu várias vezes o pânico provocado por alguns atentados, sabiamente explorados pela reação e que custaram à liberdade uma segurança mentirosa.[12]

O problema é aquele da tensão entre a dimensão política e a questão penal. Essa tensão é inerente a toda atividade terrorista e põe, em nome da segurança, as instituições em contradição com seus próprios princípios. Diante de um suposto radicalismo, o Estado não

---

11. RAFLIK, Jenny. *Terrorisme et mondialisation. Approches historiques.* Paris: Gallimard, 2016. p. 323.
12. [N. T.] Trata-se do início da declaração de Pressensé e de Pouget sobre as leis celeradas, retomada e comentada por Jenny Raflik em sua obra anteriormente citada.

hesita em promover soluções "radicais", isto é, que contradizem a declaração radical do respeito aos direitos e à liberdade.

Como pretender uma abordagem emancipatória das vítimas da ciberdoutrinação para o pior sem fornecer todos os recursos da linguagem e do pensamento crítico àqueles que estão em perdição? O colapso de todas as formas da transmissão está na própria origem da catástrofe que, em vão, denunciam aqueles que são encarregados dessa transmissão. Todos os ensinamentos se encontram submetidos a regras de avaliação, de performance e de relatórios contábeis que depreciaram toda relação com o tempo. É preciso ir rápido, cada vez mais rápido, quer se trate de ensinar, de curar, de informar. A lei secular do capitalismo enunciada por Franklin, segundo a qual "tempo é dinheiro", nunca foi tão aplicada de forma tão implacável. Não há mais tempo, mais paciência, mais fecundidade nas hesitações e nos erros. A via do mundo está reduzida ao modelo da performance atlética e da corrida esportiva. O vencedor do jogo político e social é sempre aquele que é mais rápido. Os jogos televisivos, sob pretexto de distrair, são um verdadeiro campo de treinamento para obter de forma alegre uma submissão eletrizada à lei do cronômetro. O domínio da imediaticidade é imposto pelas próprias mídias. Não mais poder tomar o tempo de dar tempo é o princípio devastador da ditadura da urgência. A obsessão do atraso vivido como um flagelo carrega a marca da deficiência, da doença e do fracasso. Cem amigos são feitos em dois cliques, a uma distância desmesurada dos corpos que falam e que respiram. As fortunas mais espetaculares são feitas no ritmo impetuoso dos teclados.

É pelo acompanhamento educativo que se constrói a partilha da palavra. A confiscação das palavras é inseparável da confiscação do tempo no tecido intersubjetivo das trocas. A respiração do fraseado é substituída pela contração de um termo que tem que dizer tudo segundo a mecânica dos choques e a balística das imagens. A impaciência simplifica e resume. "Desradicalização" evoca um serviço de desinfecção acelerada que higieniza o espaço das contaminações incontroláveis e das invasões indesejáveis. Como expressar em uma palavra esse longo trabalho de reapropriação da liberdade e da capacidade de cada um para exercer seu poder crítico e sua imaginação?

"*État d'urgence*"[13] é a fórmula oficial que define a situação atual do próprio Estado. Essa expressão, de sonoridade médica, remete ao som estridente das sirenes que anunciam a polícia e as ambulâncias. Em nome das vidas a salvar e dos cidadãos a proteger, toda circulação é imobilizada. Os mestres são médicos socorristas

---

13. [N. T.] "Estado de emergência" ou "de urgência", em tradução direta, corresponde a uma forma de Estado de exceção prevista legalmente na França colonial desde a Guerra da Argélia, 1955 (Lei nº 55-385), e estendida à França metropolitana a partir de 1957. Algumas das consequências mais relevantes da decretação do Estado de emergência são a transferência de algumas prerrogativas do poder judiciário para a autoridade administrativa (poder executivo) do território implicado durante seu vigor e a suspensão de alguns direitos, liberdades e garantias individuais fundamentais, notadamente as de circulação, de manifestação e de reunião (artigos 5º a 8º da lei). Além disso, durante o Estado de emergência é possível decretar a figura da *assignation à résidence* (artigo 6º), isto é, a obrigatoriedade de se permanecer em casa, expressão geralmente traduzida como prisão, ou detenção, domiciliar, mas que, no contexto desta lei, não deve ser estritamente confundida com a homônima sanção penal. É, em verdade, uma obrigação de permanência em determinada localidade; portanto, de forma mais geral, uma restrição de circulação. O termo é importante nesta obra. A autora o explora no sentido de restrição, de confiscação mesmo da liberdade, e estabelece um jogo de palavras que perpassa todo o livro (vide nota 23, seção "Situação atual") e que perderia seu interesse se fosse traduzido como mera "prisão domiciliar". Em sua oitava aplicação pela França desde seu surgimento legal, o *État d'urgence* foi declarado em razão dos atentados terroristas de novembro de 2013 e vigorou por dois anos, do dia 14 daquele mês até o dia primeiro de novembro de 2017, portanto, no período durante o qual Mondzain escrevia e publicava este livro.

ocupados na cabeceira de uma vida política em agonia. Tomam medidas que não podem esperar e que, assim, não podem ser discutidas. Tendo como único pretexto a luta contra o terrorismo, mostram que são aterrorizados por tudo que se move e que é ouvido. Uma política de tratamentos intensivos dispensados na urgência não tira mais a república de seu coma ultrapassado. Os socorristas, cercados de proteções e cercando com barreiras de segurança tudo aquilo que simplesmente faz barulho, usam e abusam das sirenes cuja trilha sonora hoje acompanha qualquer uso suspeito do espaço público. Para chegar aí, a voz do poder não hesitou em inverter o sentido do par significante que são os termos "público" e "privado". Assim, para defender os privilégios e os lucros obtidos pelo uso publicitário do espaço público, um conselheiro municipal da República fustigou sob o nome de "privatização do espaço público" a ocupação política de uma praça, a própria praça da República![14] Daí decorre inevitavelmente que alguns, mais violentos que outros, ocuparam-se de destruir no espaço público todos os signos de sua exploração privada pelo comércio das mercadorias e pelos estabelecimentos financeiros. Torção após torção das palavras, a própria noção de espaço público afundou numa confusão tão grande quanto aquela que arruína o serviço público e o poder da rua. O bárbaro e sua barbárie não foram fabricados para fazer reinar qualquer "benevolente" hospitalidade civilizadora, mas para legitimar a guerra travada contra

---

14. [N. T.] Possível referência à então prefeita de Paris, Anne Hidalgo, que declarou, a respeito do movimento *Nuit debout* e sua ocupação noturna na Place de la République, que *"les lieux publics ne peuvent pas être privatisés"* [os locais públicos não podem ser privatizados], sugerindo que a ocupação da praça pelos manifestantes teria tal efeito de privação de seu uso pelo público geral. Ver, por exemplo, "L'avertissement d'Anne Hidalgo à la Nuit debout", *Le Monde*, 5 de abril de 2016.

todos, exceto contra seu semelhante. A globalização das redes identitárias de forma alguma detém os ditos bárbaros no limite improvável do território das conexões. A guerra se trava, portanto, também na tela incorpórea das imagens e das palavras, onde seu comércio prospera sem vigilância, mesmo se é dito que uma polícia age por lá curiosamente motivada pela pretensa preocupação de se opor ao ódio e ao crime. Mas essa desmaterialização do encontro é acompanhada da confiscação do espaço público e de todos os lugares onde a reunião de corpos pode debater e se fazer ouvir. As redes sociais substituem a poderosa realidade da rua e seu uso político. As regras securitárias e os controles policiais tomam conta da rua e lentamente anulam a vitalidade do espaço público. Ora, a rua é um órgão essencial do serviço público e, como todos os serviços públicos, ela já não passa de um espaço publicitário a serviço do mercado. Tudo é feito para tornar impossível a presença dos corpos e a escuta das vozes que tinham eminente necessidade da rua para construir a vida coletiva. Os corpos em agonia dos exilados, dos refugiados, dos desabrigados são expulsos de todos os abrigos e o mobiliário urbano é regido pelo mercado do desconforto e pelas normas higienistas da inospitalidade. Essas normas tornam impraticável ou até interditam no mesmo movimento a ocupação de todos os lugares onde se expressaram as maiores esperanças e onde historicamente foram realizados os maiores gestos de liberdade. O destino do espaço público é inseparável da construção da cena política e, por isso, a sorte reservada ao teatro é o indicador implacável daquela reservada à nossa liberdade de atores políticos. De forma mais geral, são todas as artes da cena e todos os gestos instauradores de um espaço comum em que o encontro dos corpos e a troca de palavras produzem esse comum. A rua e o palco devem estabelecer seus direitos e se manter como condições de possibilidade do exercício da radicalidade. Quando os espaços de vida, de encontros e de palavras não são mais regidos senão por normas de desigualdade, de silêncio e de exclusão, a rua e os lugares de espetáculo são reduzidos ao exercício do pior e do terror. A reconquista da rua é inseparável daquela da palavra e do debate.

O estado de urgência instaurado pela impotência política do poder quer acabar com a única verdadeira urgência: a de pensar e de falar, a de resistir à covardia ditatorial daqueles que são os artífices dessas desintegrações. A violência, da qual a política e o exército são os agentes institucionais visíveis, atinge-nos física e intelectualmente no uso de nossas ferramentas essenciais, as ferramentas que permitem compor as imagens do mundo ao mesmo tempo que os vínculos tecidos com todos os sujeitos e objetos de nossos encontros. A urgência é essa precipitação cujo nome, etimologicamente ligado a "precipício", dá a entender que na queda as cabeças caem primeiro e, portanto, que as cabeças devem cair. Decapitações de todos os tipos, que poderiam nos fazer pensar que, por sua vez, o capital talvez acabe incorrendo em pena capital...

É assim que vem a se formar um verdadeiro chamado à energia radical que pode resistir à decomposição e que nos permite imaginar juntos a reapropriação do espaço público como a de um espaço onde se compõe um tempo comum sob o signo da hospitalidade.

Mas hoje, quando se pensa em "vínculo social", logo se induz tratar-se de "pertencimento comunitário" e de "semelhança familiar". Só são retidas as operações de exclusão, em detrimento de todos os processos de troca e de aliança com tudo o que vem de fora e de longe. Se a língua francesa designa, com a mesma palavra, "*hôte*", aquele que recebe e aquele que é recebido, é porque no gesto que recebe há uma igualdade entre o que é dado por aquele que tem mais e, por sua vez, o que é dado por quem tem menos. Mas, mais ainda do que uma igualdade, que tornaria imóvel a balança das trocas, há superabundância do retorno da doação para o donatário que assegura o impulso infinito da circulação dos signos e dos bens. Mas há mais nas dobras da língua: há a vizinhança etimológica do *hôte* e da hostilidade, que lembra a natureza agonística de qualquer encontro e torna necessária a implementação de um imaginário que componha as regras do encontro. Na tensão do que acontece quando o outro chega, devem ser inventados, então, os gestos do acolhimento, ali mesmo onde há o risco de que se exerçam os gestos da exclusão.

São as operações constituintes da imaginação que farão da chegada de qualquer outro um operador de ligação. A inospitalidade é o sintoma incontestável da dissolução da vida política. As operações imagentes são equivalentes aos gestos de adoção. Mas, ao contrário desses gestos, o que se propõe é a incorporação e a garantia genealógica como modelo exclusivo da partilha, tal como mostra o léxico sacralizado da comunhão e as honras da filiação. Quem ama comungar ama excomungar. O pertencimento a um corpo fictício e sacralizado anima da forma mais mortífera os que se fazem carrascos, única saída, pensam eles, para escapar da condição de vítimas. É como não mais pensar a vida social senão através de termos binários e ao mesmo tempo permanentemente reversíveis: "carrasco" e "vítima". Se a radicalidade é pervertida pela sacralização do estado de guerra, então, a responsabilidade que devemos assumir é a das condições políticas da dessacralização e da organização construtiva da divisão e do vínculo. Se ser radical é ser bárbaro e não mais pertencer à humanidade até o ponto de ser ameaçado de perda de cidadania, qual saída haverá para se reconstruir a dupla figura da *stasis*, isto é, para se encontrar uma solução política para o desencadeamento do terror e do ódio quando o heterogêneo bate à porta e pede para entrar? Seria preciso, contudo, entrar nesse jogo em que é negociado o acolhimento do estrangeiro; o jogo entendido como aquilo que a doação e a contradoação supõem. Aqui, penso no belíssimo texto de Jean-Toussaint Desanti sobre a noção corsa de *"mutale"*, ou seja, de limiar, mas mais precisamente dali

> onde as coisas mudam, o lugar por onde o estrangeiro se torna um hóspede e a noiva uma esposa, o ponto onde é feito o acolhimento, onde o estatuto do outro se decide, onde se anuncia a aliança.[15]

> Ainda me lembro daquele tempo: as palavras tinham seu peso (...). Não colocar o pé sobre o *mutale*, mas passar por cima dele (...). O *mutale* era um não lugar, um lugar zero em alguma medida. Se quem estivesse nele não estava em lugar nenhum, correria o risco de ali permanecer para sempre e de ali desaparecer.

Desanti segue a descrição do cenário do acolhimento com precisões sobre duas exigências radicais:

---

15. DESANTI, Jean-Toussaint. *Philosophie: un rêve de flambeur. Variations philosophiques 2* – Conversations avec Dominique-Antoine Grisoni. Paris: Grasset, 1999. p. 39-43 e seguintes.

Por nossa vez, devemos evitar deixar nossos pés em cima do limiar, por medo de ali ficarmos, mudos e desarmados. Vamos ultrapassá-lo com um salto e nos lançar em pleno jogo. Mas antes, tal como os viajantes de que falava há pouco, será necessário deixar algumas bagagens.

Não poderíamos explicar melhor o que a hospitalidade demanda de radicalidade da parte dos *"hôtes"*, hóspedes e hospedeiros. A solução política não pode se inventar senão a partir de uma dupla instância: o respeito da radicalidade conflitual e a implementação de um salto cuja energia de ruptura paradoxalmente cria uma relação. Somente a hospitalidade estabelece a possibilidade da aliança com o que de início se apresenta como uma ameaça. Transformar o espaço da guerra em lugar do jogo pela virtude imaginária de uma palavra que indica a zona indiscernível desse jogo. Eis porque seria melhor abandonar o léxico da fraternidade – a qual é demasiado próxima de uma aliança com o semelhante – para inventar o não lugar dos jogos e o território não espacializado dos saltos e dos pulos. A aparelhagem pulsional a que recorrem os zelotes de uma fraternidade fantasiosa é aquela que curiosamente se inspira no colapso das defesas imunitárias. São as imagens e as palavras que denunciam a invasão, a epidemia, o contágio, a invasão microbiana, tantas figuras que expressam o medo da proximidade, o horror do contato, o chamado à limpeza e à desinfecção. A saúde do capital ama tratar do nosso "capital de saúde", fazendo assim com que saibamos e sintamos que a paz social implica uma política higienista que emprega o léxico da utopia naturalista encenando alegremente registros os mais nauseabundos da pureza. Do que é preciso concluir que a "desradicalização" deve ser um retorno à saúde, idêntico ao retorno à razão e à sociabilidade reconciliada. Vai da saúde de cada um. Seria preciso evocar aqui o antigo leproso, Raimondakis, em *A Ordem*, filme de Jean-Daniel Pollet. Sua voz oracular, vinda da estranha beleza de seu rosto cego, insurge-se com poder contra uma sociedade que fez do hospital um lugar de exclusão definitivo, inclusive para os leprosos curados. Porém, a ilha onde haviam sido exilados e condenados, durante cinquenta anos, a morrerem sozinhos, tornara-se um espaço de sociabilidade e de partilha onde "nunca se morria sozinho". O requisitório de Raimondakis é um terrível manifesto: restabelece a verdade das palavras que questionam o sentido da saúde ao denunciar a lepra invisível que destrói os vínculos sociais e aniquila qualquer partilha.

Imagem do crime

Os "desradicalizadores" sentem medo ao evocarem a indiferença quase alucinante do assassino dessubjetivado que tortura, mata, decapita sem tremer e até triunfalmente. Esta indiferença do exaltado é, ela própria, em termos, um paradoxo. Já que a radicalidade sugere a ruptura violenta e a intensidade, a associação que se faz dela com uma indiferença quase apática diante da dor e da morte, sejam essas infligidas ou sofridas, pode parecer surpreendente. Trata-se mesmo de indiferença ou antes de uma dessubjetivação, a qual marca todos os gestos realizados com o carimbo da irrealidade? Acontece que essa dessubjetivação é inseparável do uso que é feito das imagens no desenrolar dos próprios crimes. Com efeito, uma primeira observação se impõe: os crimes fanáticos são objeto de uma difusão audiovisual imediata e é sua imagem que é investida da função triunfalista. Todos os ataques terroristas foram objeto intencional de filmes e de fotografias destinados às telas do mundo todo. O 11 de setembro foi a mais espetacular das tacadas midiáticas a tal ponto que se tornou o foco da fascinação mundial. É claro que a destruição do orgulho babélico das torres que se tornaram símbolo de tudo que é o Ocidente despertou todos os estratos seculares do imaginário apocalíptico. O tratamento quase bíblico das imagens de Bin Laden não deixa nada a desejar diante da tradição hagiográfica dos filmes hollywoodianos consagrados aos profetas e às escrituras santas. O fundo cultural sobre o qual funciona o terror e a fascinação produzidos por modelos figurativos não é alheio à noção de *pathosformel*, tal como identificado por Aby Warburg. Essa "fórmula de *pathos*" é notavelmente definida por Claude Imbert como "a configuração do afeto em estilo público".[1] As imagens operam sobre um modelo icônico que funcionará como um emblema recorrente em estratégias de comunicação que usam de figuras temáticas encontradas de forma variada em toda a história das figurações. É assim que operam as fotos de mães segurando seus filhos mortos nos braços, imagem que se inscreve numa dupla tradição patética: a da Pietà e de sua promessa de ressurreição e, antes dela, a da tradição grega das "mães de luto", cuja ameaça emocional e cujo lugar político foram analisados por Nicole Loraux.[2] É também o caso da foto recortada e difundida da criança morta na praia de Bodrum, que reativa diretamente os dispositivos figurativos do massacre dos inocentes, lembrando Poussin e Picasso. Da mesma forma, a difusão das decapitações se inscreve, de maneira muito clássica, na história ao mesmo tempo erótica e política dos castigos, das vinganças e dos mártires. Decapitações triunfantes, como as da hagiografia, e gestos regicidas compõem as muitas figuras reunidas em 1998 por Julia Kristeva no museu do Louvre, numa exposição intitulada *Visions capitales* [*Visões capitais*]. Kristeva escreve:

---

1. IMBERT, Claude. Warburg, de Kant à Boas. *L'homme*, Aubervilliers, v. 165, p. 11-40, jan.-mar. 2003. p. 16.
2. LORAUX, Nicole. *Les mères en deuil*. Paris: Seuil, 1990.

Quem nunca viu esses integristas terroristas exibindo diante de nossas câmeras atordoadas, como preciosos troféus de guerra, as cabeças arrancadas de suas inocentes vítimas? *Homo sapiens*, que é um *Homo religiosus*, sempre cortou as cabeças: da Mesopotâmia aos astecas, passando pelo Cáucaso, mas também os citas, os gregos e os celtas, e até a "infame insolência" dos "tecelões" do terror que, sob a Revolução, obrigava "todo um povo a sujar os olhos".

Ainda hoje, enquanto os canais de satélites nos tornam testemunhas impotentes de decapitações de "reféns", a violência sacralizada se reinstala sobre o palco público que havia acreditado ingenuamente poder dela prescindir.[3]

Talvez seja possível considerar juntos, e sem confundi-los, os modelos dessa sacralização ritual e a figura do torturador indiferente e do carrasco diante do sofrimento, da agonia e da morte. Do lado da indiferença, sem imaginário sacralizado, na desaparição dos afetos, uma aparente apatia parece tornar o criminoso insensível ao espetáculo da dor e do crime que comete. O psicanalista Heitor de Macedo chamou minha atenção, com razão, para o fato de essa apatia ser a do morto-vivo que acabou por se tornar quem matou pela primeira vez. Aquele que matou destruiu em si algo de sua inscrição existencial de sujeito vivo, ao aniquilar o que deve enquanto sujeito à existência de qualquer outro. Tal aniquilamento é posto em prática pela submissão prévia a uma injunção real e interiorizada. O "criminoso primário" é um sujeito

---

3. KRISTEVA, Julia. *Visions capitales. Arts et rituels de la décapitation*. Paris: Éditions de La Martinière, 2013. [Préface].

que obedece sem discutir a uma ordem real ou imaginária, e para quem a morte que entrega é a realização da própria ordem. A ordem é, então, ao mesmo tempo, dada pela voz a que obedece e instituída pela execução de seu crime. Esse morto-vivo pode evocar o que Inácio de Loyola demandava àqueles que, na Ordem, deviam obedecer sem discutir:

> Que cada um daqueles que vivem sob a obediência se persuada de que deve se deixar levar e dirigir pela divina Providência através dos Superiores, como se fosse um cadáver [*perinde ac si cadaver esse*] que se deixa manipular e tratar à vontade, ou como a bengala de um velho, que lhe serve onde quer que este vá e no que queira fazer.[4]

"Obedecer como um cadáver" diz algo sobre a confiscação progressiva dos afetos que habitam o corpo. É o atentado absoluto contra a radicalidade insurrecional, pois qualquer possibilidade de resistência é apagada.

Nada de novo na história dos gestos terroristas, sejam eles anarquistas, nacionalistas ou religiosos, ou mesmo tudo isso de uma vez. A questão que colocam não diz respeito à sua radicalidade, mas à sua publicidade. Todos os gestos terroristas são espetaculares e querem sê-lo. O que há de novo é sua exploração profissional pelas indústrias do audiovisual e pelas técnicas de comunicação. As redes sociais oferecem pela primeira vez um espaço mundial de publicidade. O que é chamado de revolução digital é de fato uma mutação antropológica

---

4. *Constituições da Companhia de Jesus*, Sexta parte: "Do que diz respeito à vida pessoal daqueles que foram admitidos ou incorporados pela Companhia", capítulo 1, número 547. O texto integral das *Constituições* em francês (tradução francesa do texto oficial, em latim, publicada em Roma em 1995) está disponível em acesso livre no site dos *Jésuites de France*.

que não tem nada de revolucionária propriamente dita, na medida em que se pôs a serviço do reforço da dominação. Contudo, é revolucionária no sentido de nos fazer repensar a questão da própria revolução no uso que fazemos dessas mesmas ferramentas. Foi possível constatar a importância das redes no desdobramento da Primavera Árabe, mas também se tornou visível que essas técnicas não oferecem nenhum poder revolucionário sem um trabalho político que passa pela renovação do pensamento no uso das palavras e das imagens. Hoje, mesmo o mais localizado dos ataques tem uma repercussão internacional. Nesse espaço reticular da comunicação imediata, a questão das imagens se junta à problemática tradicional que lhe é relacionada há séculos: a questão da proibição de ver e de mostrar, a questão dos limites do visível e das exigências do invisível, a questão das regras éticas, dos limiares de tolerância e das operações políticas de propaganda que manipulam as emoções coletivas. Esses problemas e muitos outros ainda estão, desde sempre, ligados ao tratamento do pensamento, da palavra e do olhar nos gestos que dão forma ao visível. Nesse sentido, a situação atual dos espetáculos organizados pelo fanatismo de guerra obedece a figuras comprovadas da propaganda e dispõe de meios amplificados para difundir suas mensagens de violência e para criar o terror. Mas é errado dizer e acreditar que a difusão imediata das imagens do pior é sem precedentes. A sede de ver a tortura e o crime, à qual responde o prazer de os mostrar instantaneamente, nunca conheceu limites, porque a visão do pior produz uma mistura indiscernível de terror e de gozo. O cinema o compreendeu desde seu nascimento. Tornou-se possível ver nas telas aquilo que antes demandava um deslocamento. Laurie Laufer analisou o que foi o sucesso popular do espetáculo organizado dos cadáveres expostos no necrotério.[5]

Em 1887, o magistrado Adolphe Guillot lança uma campanha virulenta pelo fechamento do estabelecimento, e obtém êxito, apoiado por criminólogos e psicólogos da época, como Gustave Le Bon, cujo *Psicologia das massas*, que fez um grande sucesso, será comentado por Freud. A tese que Le Bon desenvolve e que serve de argumento aos detratores da Morgue[6] se articula em torno da ideia de "bestialidade da massa e o perigo daquilo que pode provocar uma depravação social contra a ordem pública". Ademais, por medida de "higienismo moral", o necrotério fechou suas portas ao público depois de um decreto do prefeito Lépine, em 15 de março de 1907. Esse fechamento foi objeto de um discurso lírico e demagógico do magistrado Guillot.[7]

Em 11 de janeiro de 1909, quando dois criminosos da quadrilha Pollet, condenados pelo tribunal de Béthune, foram decapitados, sua execução foi filmada por Pathé Gaumont contra a recomendação da justiça,

---

5. LAUFER, Laurie. La morgue: voir l'irreprésentable. *Recherches en psychanalyse*, Paris, n. 8, p. 228-237, 2009. p. 232.
6. [N. T.] *La Morgue*, com letra maiúscula no original, é referência ao necrotério de Paris, considerado como atração da cidade no final do século XIX, especialmente na década de 1880, aquela a que se refere o trecho citado. O necrotério chegava a ser comparado com um teatro, e alguns de seus cadáveres se tornaram famosos pelas especulações e histórias que suscitavam entre o grande público e a sociedade parisiense. No auge de sua frequentação, chegou a contar com cortinas por trás das janelas de vidro, as quais eram fechadas e abertas novamente quando da troca dos corpos expostos, como nas cenas de um teatro.
7. "A Morgue se torna a grande atração; o operário deixa seu ateliê, a mulher pega seu bebê nos braços, a criança foge da escola e eis que partem em longa fila, braços dados, não para irem aos campos respirar um ar puro e colher as flores dos bosques, mas para se alimentar de um espetáculo repugnante em meio ao odor acre do ácido fenol; pouco lhes importa, estão contentes, fazem disso um momento de prazer e formam longas filas, por horas inteiras" (LAUFER, 2009, p. 232).

e a fotografia das cabeças cortadas foi publicada na imprensa. Foi nessa ocasião que Clemenceau tomou a primeira iniciativa em matéria de censura, considerando que a difusão dessas imagens podia causar uma desordem no espaço público.[8]

Qual a natureza da tão temida desordem pública? O relatório da execução dos irmãos Pollet registra a excitação festiva e carniceira da multidão e descreve um gozo visual de uma violência inédita. Um tipo de canibalismo escópico é produzido pela visão do sangue e das cabeças cortadas, exibidas para a grande alegria de uma multidão gulosa. É a desordem ameaçadora, produzida pela satisfação pulsional que faz temer um surto selvagem e irrepreensível dos prazeres assumidos no exercício da crueldade e do crime. Seria preciso, ao contrário, encontrar a forma que dá ao espetáculo a energia suspensiva de qualquer ação. Como construir a imagem e a narrativa que, longe de serem incitativas, dão ao espectador a oportunidade de exercer seu pensamento crítico?

Isso toca em dois aspectos da regulação das pulsões no espaço público. De um lado, o espetáculo deve ser uma arte, pois cabe à arte deslocar, pela escolha das formas, o registro da ação. Por outro lado, é possível,

---

8. "A autoridade judiciária encarregou uma comitiva de manter a ordem em torno da quádrupla execução capital de Béthune, a fim de se opor totalmente ao uso feito de aparelhos ou de quaisquer procedimentos para a reprodução da cena da execução. Apesar da vigilância da força pública, fotos dessa cena teriam sido feitas com recurso a algum subterfúgio ou à surpresa, para uso em espetáculos cinematográficos. Seria igualmente possível que, com a mesma finalidade, industriais estabelecessem fotografias puramente imaginárias. Estimo que seja indispensável a proibição radical de qualquer espetáculo cinematográfico público desse gênero, suscetível de provocar manifestações que perturbem a ordem e a tranquilidade públicas". [N. T.] Georges Clemenceau em circular telegráfica datada de 11 de janeiro de 1909 aos prefeitos, citada por Albert Montagne. MONTAGNE, Albert. Droit et libertés publiques. Les actualités filmées ont enfanté la censure du cinéma français en 1909. *Les Cahiers de la Cinémathèque*, Paris, n. 66, p. 83-89, jul. 1997. p. 86.

no espaço público, dar tempo e espaço ao exercício da desordem. A violência das agitações é uma questão de criação da cena em que se possam exercer as energias carnavalescas. Teatro e carnaval são, num certo sentido, os laboratórios onde são preparadas as verdadeiras insurreições, aquelas que o povo pode produzir ao realizar a si próprio. A possibilidade de uma agitação da ordem é a tarefa da imaginação que dá sua forma, isto é, seu espaço e sua temporalidade, à cena de sua efetuação. O mundo da arte e o da educação, ou seja, o da imaginação e o da difusão dos saberes, são o alvo evidente de um sistema que pensa todas as transmissões e todas as criações do ponto de vista da performance, da *expertise* e da inovação rentável. O papel da criação e, portanto, dos criadores é decisivo na mobilização dessa imaginação. Os artistas dão sua forma à desordem ao criar a cena de sua visibilidade em conformidade com uma indeterminação radical, isto é, capaz de oferecer sua liberdade à inteligência e à sensibilidade do espectador. O que se demanda é uma realização da forma, uma construção imaginária, que possa oferecer, nessa "partilha do sensível" defendida por Rancière, sua dignidade aos olhos e assegurar sua liberdade ao julgamento no coração da comunidade. Quando o que é mostrado é produzido por uma energia constituinte, constrói-se a vitalidade de uma partilha política. Essa energia pode ser dita "ficcional", não no sentido de construção de uma fábula para eufemizar o real, mas como construção da cena onde o visível e o audível se dão em partilha. Trata-se da cena da imaginação política, que endereça a todos os corpos sensíveis as condições de uma partilha dos olhares. As imagens aumentam ou diminuem nosso poder de agir? A arte das imagens é uma arte política, engajada não no registro da militância e do partido tomado, mas na oferta, feita àquelas e àqueles a quem se endereça, de um lugar de indeterminação infinita próprio para propor-lhes a cena de sua ação. Essa imaginação política está em jogo no coração da própria informação. Sendo o vetor das telas a modalidade privilegiada da difusão da informação, a questão do filme documentário passa a ocupar uma posição essencial. O que nos conta, e como? Quem defende uma prática documentária a serviço da comunicação de fatos captados e difundidos de forma imediata ou sob forma "bruta", isto é, sem pontos de vista e sem palavras, são os agentes, conscientes ou inconscientes, do desprezo com qualquer espectador. Isso equivale a pensar que as imagens e os sons podem difundir um mineral bruto que seria ainda mais verdadeiro e fiel que o real visado. Desse modo, o que queremos dizer é que não há sujeito que responda a essas imagens e a esses sons. Isso se enquadra não apenas num exercício balístico da informação, mas também numa impostura que, não se contentando em ser estúpida, compromete definitivamente a radicalidade de um olhar livre e crítico sobre uma informação.

Somos obrigados a reconhecer a proximidade espetacular dos dois campos que se afrontam. O poder das imagens no choque da comunicação é um colossal poder identificador e mimético. Quanto a isso, a análise dos eventos do 11 de setembro deu uma notável demonstração: o agressor havia adotado a linguagem, os signos e os símbolos do agredido, e não parou mais de alimentar suas estratégias de comunicação na fonte documentária e ficcional do jornalismo dos Estados Unidos e do cinema hollywoodiano. Não, não há mudança radical no status das imagens e no tratamento do visível. Todo projeto despótico se dedica a se apropriar do monopólio das imagens e das palavras que mostram e que contam, começando por nos fazer acreditar em tudo o que nos é mostrado, num ritmo que não nos deixa nenhuma chance de encontrarmos as palavras e os recursos de uma resposta para a inteligência. O Ocidente talvez tenha perdido seu forte e tradicional avanço em matéria de comunicação visual. Os comunicadores das duas margens já estão a uma distância igual daquilo que deveria fazer da arte das imagens e do uso da palavra o único recurso verdadeiro para construir uma solução política e uma coabitação não violenta entre forças conflitantes.

Pausa

Agora, concedemo-nos uma breve pausa para escutar Fichte em seu discurso aos príncipes que querem nosso bem.

> E agora, ó Príncipes, permiti-me que me dirija *a vós*. Vaticinais que uma miséria inominável será o fruto da liberdade de pensamento ilimitada. É apenas para nosso bem que vos apoderais dessa liberdade e a tirais, como tiramos das crianças um brinquedo perigoso. Vós ordenais a vossos gazeteiros que pintem com cores de fogo as desordens a que se lançam os espíritos divididos e incendiados pelas opiniões. Vós nos mostrais um povo doce, sob uma raiva de canibais, sangue alterado, insensível às lágrimas, correndo para as execuções com o ardor dos espetáculos, passeando com ares de triunfo e aos cânticos festivos diante de membros amputados e ainda fumegantes de seus concidadãos, suas crianças, enfim, brincando com cabeças ensanguentadas como se fossem peões. Nós não vos lembraremos, por nossa vez, das festas ainda mais sangrentas que o despotismo e o fanatismo juntos, como de costume, deram a esse mesmo povo; não acrescentaremos que essas desordens

não são os frutos da liberdade de pensamento, mas as consequências da longa escravidão que pesara antes sobre os espíritos. Nós não vos diremos que não estamos em lugar algum mais tranquilos do que no túmulo.[1]

---

1. FICHTE, Johann Gottlieb. *De la liberté de penser*. Trad.: Jules Barni. Paris: Éditions Mille et Une Nuits, 2007. p. 430. [*Reivindicação da liberdade de pensamento*. Trad.: Artur Morão. Edição portuguesa disponibilizada pelo projeto LusoSofia – Biblioteca Online de Filosofia e Cultura].

Pistas

Sem encarar aqui o exame histórico dos gestos mais radicais da filosofia, podemos retornar à radicalidade considerada como um tema recorrente, inerente ao próprio exercício filosófico. Com efeito, as operações do pensamento, e particularmente aquelas que levam o nome de filosofia, só se mantêm pelo exercício da radicalidade. Sob este signo, declinam-se duas formas desse exercício, articuladas uma à outra em sua própria tensão: a que põe a radicalidade num enraizamento originário, do ponto de vista do começo, ou do fundamento, e a que só consente à linguagem da ruptura e do evento puro. Mas é claro que a radicalidade pura deve lamentar a proveniência e a destinação, ou então aceitar inscrevê-las sob o signo da imaginação. É o que o filósofo Patrice Loraux chama de "nebulosa" ou "quimera", ambas indicando a relação irredutível dos movimentos do pensamento com os da imaginação e do desejo. A tarefa da filosofia pode ser pensada nas operações de enraizamento mítico e de desenraizamento crítico. Essas duas formas são solidárias. A força crítica quer evidentemente arrancar o repouso ilusório que poderia ser fornecido pela determinação das raízes e pelas ilusões de domínio e de inteligibilidade. No mesmo movimento, é uma radicalidade constituinte que expõe a figura inaugural de sua própria fundação naquilo que cria o evento. Nesse sentido, toda grande filosofia herda de uma outra e se deserda, ela própria, na recusa do legado e no abalo crítico das filiações, abalo que provoca a questão acerca de "outro modo".[1] Na recusa da filiação sempre brilha, com uma luz singular, a energia radical de um pensamento que se pretende órfão, ou que atribui a si próprio sua genealogia disruptiva. O modelo está ativo na relação de Platão com Parmênides e na de Aristóteles com Platão. A rebelião contra o "pai" deixa na verdade intacta a fonte tenebrosa que põe em movimento o desejo de filosofar. A dimensão matricial da radicalidade merece ser revisitada, já que a imaginação filosófica põe em obra, ainda que sem querer – é o caso de dizer –, a questão da imagem e de sua inscrição genealógica na constituição sensível do sujeito da palavra. No abandono de sua herança, a filosofia vai sempre na contracorrente do pensamento testamentário e, mais do que reforçar as evidências e prolongar crenças, ela prefere irredutivelmente assumir o risco da loucura a deixar de ser fiel à contraevidência. Se Aristóteles faz dos dados da *physis* o referente indiscutível da experiência na construção cognitiva, não é para submeter-se à natureza, mas para defender a energia ao mesmo tempo sensível e rigorosa do *logos* contra a dominação de uma radicalidade eidética que podia privar os corpos falantes de seu acesso à realidade. Mas, ao mesmo tempo, ele enfrenta a prova

---

1. [N. T.] "*Autrement*", advérbio francês que significa "outramente", ou "de outro modo". A autora faz referência à obra de Levinas, *Autrement qu'être*, comentada mais adiante, também conhecida em português como *Outro modo que ser* e *Outramente que ser*. Retivemos aqui a tradução como "outro modo" para o advérbio "*autrement*".

das coisas e a imprevisibilidade dos encontros quando é preciso amarrar os termos de um contrato tácito das coisas com a linguagem. É certo que também pensamos na dúvida radical de uma crítica hiperbólica do dado e de qualquer crença, dúvida que acaba por conduzir Descartes à fórmula de seu próprio enraizamento. Mas, como foi dito, o propósito da presente reflexão não tem nada a ver com uma revisão dos radicalismos filosóficos cujo acme poderia ser a posição de Husserl. Seria um exercício completamente diferente, e nele se perderia o que ainda me preocupa, a saber, a defesa da radicalidade como figura da dignidade do pensamento e da liberdade de agir no coração da vida política.

Consenso?

Numerosas meditações filosóficas e políticas defendem com talento a necessidade do debate, a fertilidade política da discordância e do conflito, a exigência democrática da contradição e das lutas. Reivindicando Carl Schmitt, com todas as nuances necessárias para escapar dos efeitos sulfurosos de sua adesão ao nazismo, Chantal Mouffe[2] é sem dúvida uma das vozes mais talentosas para defender as energias antagônicas que devem matizar o espaço político e lhe conferir sua vitalidade transformadora. Apresentando-se como teórica engajada, ela reivindica sob tal denominação o fato de sustentar uma proposta politicamente orientada para uma esquerda sem compromisso e disposta à ação. A ausência de compromisso pode ser entendida como exigência de

---

2. MOUFFE, Chantal. *L'Illusion du consensus*. Trad.: Pauline Colonna d'Istria. Paris: Albin Michel, 2016.

radicalidade, e o engajamento, como indício de uma crença na performatividade de seu discurso. Um discurso muda as coisas e opera no real? Eu acredito que o uso que é feito das palavras testemunha sobre uma reapropriação do sentido que vai fazer surgir alguma coisa da ordem da verdade, de uma verdade que confirma a recusa do comprometimento. Ora, o problema está aí, do lado de uma interpretação retórica da práxis. Chantal Mouffe, em sua declaração a favor da militância, tenta encontrar as fórmulas provocantes destinadas a animar movimentos que ela deseja servir e acompanhar. Disso resultam, apesar de tudo, formulações oximóricas que não estão livres de riscos ou de contradições. Assim, ela fala em "populismo de esquerda", apesar da própria história do termo e de sua própria crítica do consenso, já que se trata de reconciliar o povo, tornado uma abstração, com uma esquerda não menos abstrata em sua contradição. O vocabulário do populismo atrelado àquele da "esquerda" é mostra de uma fidelidade inalterável ao léxico midiático de quem quer dar o poder ao povo na eventualidade de o povo dar o poder a quem lhe promete devolvê-lo. Reconhecemos aí, com facilidade, a trilha sonora que os líderes da "democracia de amanhã" querem nos fazer ouvir. O povo não conseguiria sua liberdade e seus direitos ao consentir com o vocabulário e com as promessas de algum "populismo". De que natureza é a fabricação desta palavra? É através da mesma deriva semântica que "liberdade" formou "liberalismo", cujo ódio pela liberdade é bastante conhecido. O povo nunca será populista, mas poderia muito bem ser, ao contrário, o nome de uma verdadeira "aristocracia" a construir, a que designa a nobreza dos afetos e das obras, da energia dos saberes, a dos gestos que produzem e que criam, a que aviva a coragem e a dignidade dos combates. Reconhecer a nobreza do povo em sua capacidade política não tem nada a ver nem com um populismo qualquer, nem com essas "elites" cujas mídias pretendem ser detentoras dos bens simbólicos, dos desenvolvimentos materiais e das promessas de emancipação. O vocabulário do "elitismo" é a descendência perversa do populismo, transformador do espaço político em terreno de ação ofertado a todos os *experts* na cena de suas performances orientadas para um horizonte de excelência e de otimização de resultados. É o meio de produzir uma confusão total entre o reino das *expertises* e performances e aquele das competências críticas. É difícil atualmente fazer surgir o povo enquanto consciência crítica e transformadora, pronta a enfrentar a indeterminação e os riscos implicados pela contingência tumultuosa de um futuro sem rosto. Sem coragem, sem recusa de toda personalização piramidal, o populismo sempre acaba por promover suas "elites", e só resta deplorar o fato de os que são reconhecidos como "intelectuais" às vezes aceitarem o título de elite que as mídias distribuem tão generosamente, não àqueles que engrandecem o poder de agir de todos, mas àqueles a quem a própria mídia atribui poder e visibilidade. Tornar-se popular significa tornar-se visível, já que a palavra "público" não designa mais o lugar comum do debate, mas o palco onde se espera pelos internautas e pelos telespectadores. Berlusconi dizia: "Fui eleito pelo meu público".

    Portanto, o que poderia ganhar um populismo dito de "esquerda" num mundo onde a emancipação do povo não encontra mais o menor benefício em ser "lateralizada"? É a própria esquerda que confessa seu apagamento, pois não há mais nada além de um centro, que é o funil em que se precipitam todas as "boas vontades", aquelas que querem o consenso e a paz, aquelas que aspiram à segurança, as que temem por sua posição e por seu lucro. Esse funil é a câmara tenebrosa do flexível e do disforme, de onde o extremismo vai sair vencedor em nome de sua "radicalidade". A pertinência crítica do consenso leva Chantal Mouffe a promover, de análise em análise, um reformismo radical sob a figura apaziguadora de uma radicalidade "domesticada", graças à mutação do antagonismo em agonismo que "amansa" as energias conflituais. É assim que o léxico da radicalidade sofre uma incrível torção semântica, dissimulando o terror sorrateiro e não reconhecido que a verdadeira radicalidade criativa inspira, inerente a toda mudança.

Porém, é debatendo a distribuição dos poderes que o próprio povo se institui e toma o poder, e não recebendo esse poder das mãos daqueles que começaram por tomá-lo. Assim se opera uma "desradicalização" sub-reptícia do pensamento político, que faz pensar no uso comercial do vocabulário da positividade. "Positivar" é a palavra de ordem de todas as instâncias que, diante de qualquer conflito ou necessidade de resistência, preferem dar um sentido "positivo" à sua própria submissão. "Coração forte vence a má sorte", a velha máxima junta-se àquela do Carrefour...[3] Pode-se sempre tirar proveito da infelicidade e da alienação. Cada um em seu canto pode "se dar bem", não é mesmo? Entre os filmes *A vida é bela* e *Os intocáveis*, há uma continuidade na "positivação" que exalta o triunfo, diante do pior,

---

3. [N. T.] Referência a uma propaganda de televisão lançada pelo supermercado Carrefour na França em 2009, isto é, no contexto da crise financeira. Trata-se de uma série de comerciais composta por vídeos que mostram diferentes semblantes, um por vez. No início, um aspecto cansado, triste ou mesmo preocupado, mas, ao longo do vídeo e sob a mensagem de positividade da voz narradora, acabam por desenrijecer a face e esboçar um sorriso diante da frase final e invariável de todos eles, o *slogan* então adotado pela marca: "*Que diriez-vous, si on vous aidait à voir la vie en positif? Carrefour: le positif est de retour*" [O que você diria se a gente lhe ajudasse a ver a vida de modo positivo? Carrefour, o positivo está de volta].

de todo individualismo alegremente desradicalizado. Numa euforia perversa, pois mentirosa, sobre os plenos poderes do desejo, proliferam os oxímoros que querem acabar com a radicalidade que sustenta a criação dos laços políticos nos próprios conflitos. Finalmente, cada um de nós é por si só uma *"start-up"*, um ponto individual de "partida" que permite se colocar de pé, partir e tomar a velocidade para a vitória, até mesmo o triunfo sobre a morte. É dessa forma que são pensadas juntas a narrativa de uma biografia feliz e a de um Estado bem dirigido.

A escolha é imperativa e decisiva entre o reformismo e a radicalidade, se quisermos fazer mais que nomear e conceituar, ou seja, agir e lutar. Não que o medo das rupturas violentas não seja legítimo, mas também é preciso assumir os afetos políticos que acompanham a violência das mudanças. A ruptura é violenta e deve sê-lo. Ela obriga a enfrentar os perigos, pois a possibilidade do pior é uma ameaça que não pode ser negada nem evitada. Daí resulta que o afeto que acompanha toda ruptura seja a coragem na consciência do perigo. A coragem é uma virtude radical sobre a qual se sustenta hoje a verdadeira ação política com a consciência de toda a imprevisibilidade dos movimentos sísmicos. Essa imprevisibilidade exige, além da coragem, uma vigilância sem concessão. Apesar de todos os esforços semânticos dos "reformistas de esquerda", é de um combate que se trata, de uma ruptura criadora, de uma confrontação com aquilo que cria um evento, com todos os riscos de um salto inaugural. Temos que parar de negociar o dissenso nos embaralhamentos lexicais. A radicalidade não deve ser a doença dos outros e deve voltar a ser uma proposição positiva para todos. A conjuração do medo é um desafio radical num sistema fobocrático, que legitima todas as estratégias securitárias, assegurando assim nosso silêncio, preço de nossa segurança. Deleuze não hesitou em chamar de "neofascismo" esse regime de atonia política exigido pela paz do mercado:

> O velho fascismo, por mais atual e poderoso que seja, em tantos países não é o novo problema atual. Estão a nos preparar outros fascismos. Todo um neofascismo se instala, em relação ao qual o antigo fascismo faz papel de folclore. (...) O neofascismo é um acordo mundial pela segurança, pela gestão de uma "paz" não menos terrível, com organização concertada de todos os pequenos medos, de todas as pequenas angústias, que nos tornam microfascistas, encarregados de abafar cada coisa, cada rosto, cada palavra um pouco mais alta, na sua rua, no seu bairro, sua sala de cinema.[4]

A "paz terrível" seria o outro lado do terror que essa paz descreve como sendo seu inimigo, sem nele reconhecer sua assustadora sombra?

Dissenso

Já é claro para todos os pensadores da política que o regime conflituoso é inerente à própria vida política, que não se define como um exercício do poder, mas como um exercício da palavra e do debate no coração

---

4. "Le juif riche" [O judeu rico], *Le Monde*, 18 de fevereiro de 1977. A propósito do filme de Daniel Schmid, *Sombra dos anjos*, Deleuze cita Schmid: "Não gosto dos filmes sobre o fascismo dos anos 30. O novo fascismo é tão mais refinado, mais disfarçado. Ele talvez seja, como no filme, o motor de uma sociedade em que os problemas sociais seriam regrados, mas a questão da angústia seria apenas abafada". (DELEUZE, Gilles. Le juif riche. In: _____. *Deux régimes de fous. Textes et entretiens – 1975-1995*. Paris: Les Éditions de Minuit, 2003. p. 123-126).

de uma comunidade atravessada por afetos e habitada pela razão. Aqui, é preciso homenagear Nicole Loraux.[5] Foi ela quem identificou e esclareceu da maneira mais sábia e mais eficaz a presença inerente do conflito no coração da democracia ateniense. Na língua grega, inscreveu-se a energia contraditória que articula a realidade do desacordo e a exigência do debate no que então fora chamado de democracia, e que não tem nada a ver com o que sob este nome é defendido pelo capitalismo neoliberal. Em grego, é a palavra *"stasis"* que significava, ao mesmo tempo, a estabilidade do que se mantém e a violência sísmica que ameaça a paz civil e a ordem pública. As ameaças da sedição no coração da cidade são a própria condição da paz, sempre sujeita ao debate e submetida a tensões contraditórias. A desigualdade e os conflitos de interesses estão na própria base dos pactos que estabelecem a igualdade e a justiça como horizonte imaginário e, assim, instituem coletividade. A *stasis* designava, ao mesmo tempo, a imanência irredutível da violência e da guerra civil e a energia estabilizante própria à comunidade política. Nicole Loraux analisou o indissociável exercício da liberdade com a presença do pior e a regulação das pulsões assassinas inspiradas pela vingança e pelo ódio. As divindades sanguinárias da vingança têm seu domicílio, subterrâneo e aberto ao mesmo tempo, sob o tribunal da colina de Ares. A justiça é feita sobre o território dedicado ao deus da guerra. A trilogia de Ésquilo transmite pela arte, na cena teatral, o gesto instituidor que rompe a sucessão infernal dos crimes e da vingança. O encadeamento ineluctável dos crimes que arrasam o destino dos Átridas percorre

---

5. LORAUX, Nicole. *La cité divisée. L'oubli dans la mémoire d'Athènes*. Paris: Payot-Rivages, 1997.

repetitivamente as gerações em que cada descendência se encontra encarregada de reparar a morte dos pais. Fazer justiça não deve ser um exercício pendular simbolizado pelos pratos de uma balança, como a iconografia poderia fazer pensar. A justiça é um exercício assimétrico, precisamente porque ela rompe com o equilíbrio assassino da lei de talião. Seja qual for o crime, o peso da vida desequilibra para sempre a equivalência do delito e a do castigo. Esse é o princípio maior que faz da pena de morte um assassinato, e isso para qualquer crime que seja. Aqueles que assumem seus dissensos devem então buscar juntos, e sobretudo inventar, as modalidades de sua coexistência, de sua coabitação, de sua vizinhança no exercício de uma amnistia que não tem nada de uma amnésia. Ainda em grego, a palavra *"crisis"*, como *"stasis"*, é um enantiosema, isto é, um signo que diz os estados contraditórios sobre os quais se elaboram e se desdobram as condições da partilha do espaço e do tempo. *"Crisis"* designa ao mesmo tempo a brutal convulsão patológica, tal como Hipócrates determina seus sintomas, e o movimento da deliberação e do julgamento, que conduz à resolução e ao apaziguamento. É a mesma palavra, *"krima"*, que designa o objeto da querela e a decisão do juiz (*"krités"*) que fará lei. O campo semântico do verbo *"krinein"* e, de forma geral, de todos os seus derivados cobre os gestos de luta, as situações de conflito e todas as operações de deliberação, de interpretação e de decisão que, com razão, consideramos como atividade própria a qualquer consciência crítica. Agora, o vocabulário da crise se tornou o da convulsão e o do terror. O poder crítico abandonou os retóricos da crise econômica e social. Todo mundo quer "sair da crise". Nós devemos, ao contrário, com toda nossa força, resistir a essa saída negociadora e vergonhosa, pois ela pretende trazer a paz com a condição de oferecer e de reconhecer a vitória dos inimigos declarados da liberdade, e isso em nome de uma saída da crise. Não apenas não se deve sair da crise, mas é preciso, ao contrário, intensificá-la em sua radicalidade, de maneira a empregar todos os recursos criativos e a mobilizar todas as revoltas a fim de fazer surgir a figura de um outro mundo. Não se trata de desradicalizar, mas de partilhar a radicalidade da nossa ação política a partir do reconhecimento em todos de uma igual capacidade de exercício da liberdade crítica.

É sobre esse princípio fundador que Jacques Rancière, sem ambiguidade negociadora, fez ouvir a voz histórica dos conflitos e das resistências a qualquer dominação através de gestos – às vezes os mais simples e menos espetaculares – daqueles que são os atores e os garantidores do exercício da liberdade e das chances de emancipação no coração das dominações mais autoritárias. Esclareceu vigorosamente a articulação direta entre as estratégias consensuais e a violência das guerras e do terror, indicando que a única radicalidade possível é aquela de todos os gestos produtivos que constroem uma comunidade política.[6] Sua atenção de historiador de combates populares e seu talento de pensador político acompanham todos aqueles para os quais o povo é uma realidade sensível que se constrói a cada dia nos gestos do trabalho, do pensamento e da criação. Reivindica que tais gestos são todos habitados por uma só e mesma inteligência, igual para todos, com a mesma capacidade e a mesma energia emancipadora. A questão da igualdade é exposta numa verdadeira radicalidade. Rancière não exerce nenhuma torção semântica, nem se permite qualquer jogo de palavras que o deixe deslizar

---

6. RANCIÈRE, Jacques. *Chroniques des temps consensuels*. Paris: Seuil, 2005.

habilmente da radicalidade de um caos temido para uma democratização apaziguada sob o signo igualitário de uma vida "sem inimigo". Sua crítica de todo regime representativo é a base radical de uma definição de povo que exclui seleção, *expertise* e dominação de uma elite. A defesa a favor do sorteio em virtude da capacidade de todos, sem distinção, de exercer o poder inspira de forma crescente, às vezes ingenuamente, reflexões e programas políticos que buscam transformar as relações entre atores sociais e instituições. Rancière designa os atores da emancipação num duplo registro, inerente ao trabalho produtivo: o trabalho que fabrica e transforma a matéria e o que produz formas ditas artísticas. É o duplo registro do trabalho que dá sua possibilidade política e sua visibilidade sensível à comunidade. O que ele chama de "partilha do sensível" é a reconfiguração da partilha da produtividade, que "coloca em relação o fazer e o ver".[7] Talvez fosse preciso, aqui, analisar nessa partilha o lugar político daquele que "faz ver".[8] Esse lugar introduz a questão da distribuição do poder no discurso do artista à comunidade dos trabalhadores. Como o lugar do autor se articula com o do ator político? Se é possível a cada um, sem distinção, o exercício de seu julgamento e a participação nas decisões que dizem respeito ao conjunto da comunidade, é no campo dos gestos produtores que a distribuição das formas sensíveis oferece a todos, sem exceção, os signos partilhados de uma emancipação possível. Assim se constituiria a

---

7. RANCIÈRE, Jacques. *Le partage du sensible*. Paris: La Fabrique, 2000. p. 66 e seguintes. [*A partilha do sensível*. Trad.: Mônica Costa Netto. São Paulo: Ed. 34, 2005].
8. [N. T.] *"Fait voir"*: "mostrar"; aquele que mostra, aquele que torna visível. Para a tradução dessa locução, vide nota 4 da seção "Radicalização".

partilha dos recursos críticos e a reapropriação por cada um, sem distinção, das energias próprias à liberdade.

A sociedade igual não é senão o conjunto das relações igualitárias que se traçam aqui e agora através de atos singulares e precários (...). Eis algo para suscitar o medo, portanto, o ódio, naqueles que estão habituados a exercer o magistério do pensamento. Mas naqueles que sabem partilhar com qualquer pessoa o poder igual da inteligência, ela pode suscitar, ao contrário, coragem e, portanto, felicidade.[9]

A articulação entre o trabalho e a energia criadora, ou, melhor dizendo, o poder de uma imaginação emancipadora, é analisada nas situações e nos depoimentos dos trabalhadores, dos pensadores e dos artistas dos séculos XIX e XX. Resta pensar no lugar singular do filósofo que enuncia hoje essas indicações. Rancière parece ocupar o lugar de um indicador de direções possíveis, propostas aos olhares e aos corpos da comunidade no trabalho. Mas em que a palavra do filósofo tem um valor performativo o bastante para fazer evoluir as coisas sem desencadear a violência de uma ruptura e sem recorrer à ação? Como tratar a questão da ruptura propriamente dita, a das condições do levante, da crise sísmica susceptível de revirar todas as relações e de redistribuir os poderes e os bens? Será que a partilha do sensível operará lentamente, como uma força saxífraga, com a coalescência dos gestos do trabalho e dos gestos criadores, até quebrar a coesão da dominação? Talvez não seja necessário imaginá-lo, considerando

---

9. RANCIÈRE, Jacques. *La haine de la démocratie*. Paris: La Fabrique, 2005. p. 106. [*O ódio à democracia*. Trad.: Mariana Echalar. São Paulo: Boitempo, 2014].

que, apesar das aparências, a tirania não ganhou e não ganhará realmente jamais. O cineasta Masao Adachi, em Tóquio, onde está definitivamente designado a permanecer em prisão domiciliar[10] por causa de seu passado de militante pró-palestino associado a atos terroristas, escreveu *O ônibus da revolução logo passará perto de sua casa*.[11]

O que poderia ser este ônibus para nós? Os filósofos estão prontos a tomá-lo sem saber, de saída, quem é o motorista e qual motorista sorteado assumirá provisoriamente a direção? Comecemos por tomá-lo para debater e decidir com todos os passageiros a direção a seguir que seja a mais desejável para todos. Falta estabelecer a hipótese de que o melhor piloto será aquele que não tem o que é chamado de senso de direção. Talvez seja preciso aceitar assumir os riscos da viagem e considerar que todos os passageiros vão participar, um de cada vez, da criação dos itinerários. Trata-se de aceitar não saber exatamente aonde se vai, quando se decide por não mais ficar lá onde se estava, e de debater com todos os passageiros sobre a direção a tomar que seja a mais desejável para todos. Acreditar na capacidade de todos igualmente para exercer seu pensamento e sua liberdade é sim uma crença, no sentido de um ato de fé, que não tem nada a ver com qualquer revelação ou conversão, mas unicamente com a coragem de colocar sua vida em jogo ao subir no ônibus. Um princípio deveria se manter: nenhum condutor representará todos os outros passageiros e o ônibus vai seguir um tipo de

---

10. [N. T.] "*Assigné à résidence*", vide notas 23 (seção "Situação atual") e 13 (seção "Radicalização").
11. ADACHI, Masao. *Le bus de la révolution passera bientôt près de chez toi. Écrits sur le cinéma, la guérrilla e l'avant-garde (1963-2010)*. Trad.: Charles Lamoureux. Aix-en-Provence: Rouge Profond, 2012. Edição francesa estabelecida por Nicole Brenez e Gô Hirasawa.

inclinação imprevisível e, sistematicamente, recusar andar na rotina.

Eis o que, mais uma vez, se assemelha a traçados labirínticos ou a linhas errantes que nos conduzem rumo a outras figuras da radicalidade.

Se todos podem conduzir o ônibus da revolução, sem distinção, é porque existe em cada um de nós uma energia eruptiva suscetível a dar suas formas moventes e provisórias ao espaço das desordens. Essa energia é radical e associa necessária e estreitamente a criação à ação política. Não é, pois, uma consequência aleatória entre outras que faz do mundo do pensamento e da criação o lugar privilegiado da confiscação das forças pelo mercado capitalista dito "da cultura". Para além de todas as declarações institucionais e midiáticas a favor da distribuição dos saberes e dos privilégios pretensamente concedidos às disciplinas artísticas, foram o mercado e a comunicação midiática que dominaram os espaços de liberdade e que confiscam, cada dia mais, as zonas de desestabilização da ordem instituída.

O mal radical

Foi justamente "radical" a palavra escolhida por Kant[12] para designar o obstáculo representado pelo mal e pela liberdade para o mal na constituição do sujeito moral, isto é, do sujeito que obedece à máxima que confere validade universal à escolha guiadora da condução de cada um para qualquer outro. Esse enigma, o da liberdade que torna possível a escolha do mal, não pode ser

---

12. KANT, Immanuel. *La religion dans les limites de la simple raison*. Trad.: J. Gibelin. Paris: Vrin, 1994. [*A religião nos limites da simples razão*. Trad.: Artur Morão. Coimbra: Edições 70, 2018].

resolvido senão pela redefinição das condições da própria liberdade. Hannah Arendt retoma seu fio num duplo movimento à ocasião do processo de Eichmann:[13] ela denuncia no exercício do mal uma derrota, uma ausência de qualquer pensamento, e reconhece na possibilidade dessa ausência um dado propriamente humano e, por isso, banal. É próprio da espécie humana o gozo dessa liberdade que demanda do exercício prático da razão que aja segundo a universalidade de uma máxima. Quando Gershom Scholem lhe repreende por transformar a banalidade do mal em *slogan* cômodo, ancorado na herança kantiana do mal radical, ela responde claramente:

> Você está coberto de razão; mudei de opinião e não falo mais em mal radical. Agora, minha opinião é a de que o mal nunca é "radical", que é apenas extremo, e que não possui nem profundidade, nem dimensão demoníaca. Ele pode a tudo invadir e arrasar o mundo inteiro precisamente porque se propaga como um fungo. Desafia o "pensamento", como eu disse, porque o pensamento tenta atingir a profundidade, tocar as raízes, e, quando se ocupa do mal, frustra-se, pois não encontra nada. Aí está sua "banalidade". Somente o bem tem profundidade e pode ser radical.[14]

Esse texto me parece importante no deslocamento operado quanto à questão das raízes. Não há contradição

---

13. ARENDT, Hannah. *Eichmann à Jérusalem. Rapport sur la banalité du mal* [1966]. Trad.: Anne Guérin. Paris: Gallimard, 1991. [*Eichmann em Jerusalém: um relato sobre a banalidade do mal*. Trad.: José Rubens Siqueira. São Paulo: Companhia das Letras, 1999].
14. SCHOLEM, Gershom. *Fidélité et Utopie: essais sur le judaïsme contemporain.* Trad.: Marguerite Delmotte; Bernard Dupuy. Paris: Calmann-Lévy, 1978. p. 228; e ARENDT, Hannah; SCHOLEM, Gershom. *Correspondance, Hannah Arendt – Gershom Scholem.* Trad.: Olivier Mannoni; Françoise Mancip-Renaudie. Paris: Seuil, 2012. p. 418-434.

real entre a radicalidade do mal em Kant e a banalidade do mal em Arendt, porque um e outro reconhecem a irredutível liberdade própria a todo homem. A radicalidade remete ao enigma da liberdade; a banalidade, à possibilidade para todos de se tornarem o sujeito da mentira e da crueldade, como é explicado por Myriam Revault d'Allonnes:[15]

> Já se percebe por que o mal radical pode ser dito "banal": *ele é radical porque é banal. Ele é o mal de todos, ainda que nem todos o pratiquem.*[16]

Não que o poder de mentir inscreva o sujeito moral enquanto sujeito da verdade: ele o inscreve antes enquanto sujeito da veracidade, ou seja, da recusa da impostura e da perversão. O sujeito da fiabilidade é fundado na relação com a lei. O que distingue o agente do mal do sujeito moral é a relação com a lei. Se me submeto à universalidade da lei, faço a escolha radical, a do bem definido como o que é válido para a comunidade de todos os homens. Se erijo minha lei, a do meu desejo, fingindo agir pelo bem de todos e submetendo todos à minha lei, eu me torno o ditador totalitário que trai o interesse universal formulado pela máxima. Arendt aponta a proliferação do pior que se espalha na superfície, sem raiz, como uma inflamação generalizada da epiderme do mundo, cuja fonte não se encontra nem nos abismos, nem nas potências infernais. O que também equivale a dizer que a pulsão de morte e o gozo do carrasco não pertencem a uma psicologia das profundidades, nem a uma fábula demoníaca, nem a um estado imemorial de

---

15. D'ALLONNES, Myriam Revault. Kant et l'idée du mal radical. *Lignes*, Paris, n. 22, p. 161-187, 1994.
16. D'ALLONNES, 1994, p. 166.

nossa natureza, mas se trata de um exercício impensado do impensável na temporalidade viva da vida comum. Não há mal radical, portanto. Porém, a palavra está lançada, e o radicalismo é invocado com a peste que designa, enraíza-se e, não se referindo mais a alguma exegese ou literalidade de uma mensagem, escorrega para sua funcionalidade na comunicação do terror. É, pois, o termo "radicalização" que se encarrega de assumir o controle no tratamento da questão do mal radical.

Como levar adiante a questão dos pretensos remédios ao extremismo? Se o que é radical em qualquer sujeito não é o mal, mas a liberdade, então a reapropriação da liberdade em vista de seu uso vivo e constituinte só pode acontecer pela palavra e pelo pensamento. Os poderes institucionais e as vias do autoritarismo moralizante, ou da violência policial, são tanto erros quanto imposturas. Sobre isso, Revault d'Allonnes escreve:

> É certo que há uma esperança e uma espera, mas essas não podem ser preenchidas: o preenchimento é precisamente a síntese falsificadora, a fraude na obra da totalização. É negar, por exemplo, o insondável poder da liberdade, de querer – por uma política da regeneração – extirpar do coração do homem até o desejo de fazer o mal: o mal é o mal da liberdade.[17]

A moralização do combate pela liberdade é um erro político fatal e só consegue deslocar os critérios da submissão sem dar a todo sujeito da liberdade um lugar igual ao de qualquer outro, quando se trata de dignidade e de emancipação. Não se trata de erradicar o mal, mas de construir com a inteligência e a sensibilidade de

---

17. D' ALLONNES, 1994, p. 181.

todos um mundo comum, onde a mentira e o crime não devem se tornar, sobretudo, impossíveis. Se a comunidade organiza a ditadura do bem e da virtude, como na novela de Philip K. Dick, *Minority Report*, é a comunidade inteira que está à mercê das técnicas do poder, que, por sua vez, sempre são controladas pelo mais criminoso e pelo mais liberticida.

Desradicalizar consistiria em nos privar da liberdade de sermos mentirosos ou criminosos? Em nos deixar num estado de inocência sem afeto? A partir disso, não é preciso da menor imaginação criativa para instituir a cena comum dos encontros agonísticos e dos eventos amorosos. Viver em Alphaville, sob a tutela de Alpha 60... Mas, felizmente, Eddie Constantine consegue arrancar lágrimas de Anna Karina! Crise radical.

Levinas

Considerei útil reservar um lugar para o pensamento de Levinas, uma vez que em *Autrement qu'être*[18] ele faz mais que dar uma indicação, pois formula uma injunção: estabelecer uma ruptura radical entre, de um lado, a instituição do sujeito do conhecimento, inseparável de uma preocupação ontológica, e, do outro, a construção do sujeito da responsabilidade, que consente ao que Levinas chama de "despossessão do ser". Nessa busca pelo que pode ser a verdadeira radicalidade, a concepção de Levinas se torna ainda mais interessante por se assemelhar a um percurso que poderíamos dizer labiríntico, e que não encontra saída senão ao se expulsar do

---

18. LEVINAS, Emmanuel. *Autrement qu'être ou au-delà de l'essence*. Paris: Le Livre de Poche, 1990. [*De outro modo que ser ou Para lá da essência*. Trad.: José Luis Pérez; Lavínia Leal Pereira. Lisboa: CFUL, 2011].

espaço lexical no qual se desdobra. O itinerário filosófico de Levinas tira sua radicalidade do lugar ao mesmo tempo fundador, que ele atribui à presença de qualquer outro, e do seu puro encontro, o que o conduz ao limiar indeterminável onde a palavra filosófica se faz poética do evento. Essa poética esbarra nas operações imagentes, operações que ele implicitamente acusa de serem derivas idolátricas. Aquilo que acontece, aquele que chega como pura chegada,[19] surge como evento "além ou aquém" de qualquer operação ontológica e cognitiva. A hospitalidade é uma energia passiva em que o hóspede se expõe até o sacrifício ao hospedeiro – ou vice-versa.[20] O verbo "ser", para Levinas, é apenas a máscara que dissimula as violências cognitivas, assim como as soberanias políticas, assombradas pelas prerrogativas do verbo "ter". Na presença das trevas inospitaleiras e criminais do nosso mundo, Levinas pede à filosofia que opere o gesto radical de ruptura com a hegemonia da filosofia ocidental, abandonando as prerrogativas da soberania do *logos*, em torno do qual as diversas orbitações do objeto e do sujeito não tiveram outra preocupação além das relações entre a Essência e a verdade. Ao distinguir, em sua própria articulação, o que chama de Dizer e de Dito, Levinas escolhe fazer do Dizer um gesto, o gesto paradoxal da passividade radical. O verbo se abre para

---

19. [N. T.] "Ce qui *arrive*, celui qui *arrive* en tant que pure *arrivée*": aquilo que acontece, aquele que chega. Mondzain se vale do duplo sentido do verbo *"arriver"* em francês nesta e noutras passagens de seu texto. O verbo pode significar "acontecer" ou "chegar", e o jogo de palavras infelizmente se perde no português, mas não poderíamos optar por apenas um dos sentidos, já que o restante do parágrafo deixa claro que ela se refere tanto ao acontecimento, o *evento*, quanto à chegada daquele que é o hóspede.

20. [N. T.] *"l'hôte* s'expose jusqu'au sacrifice à *l'hôte"*: em mais um jogo de palavras de difícil reprodução no português, Mondzain emprega o termo *"hôte"* em sua bivalência de "hóspede" e "hospedeiro". Para tentarmos ser fiéis ao sentido dado pela autora no francês, acrescentamos na tradução o "vice-versa", que não faz parte do texto original.

o evento do encontro de um rosto a que devo responder. Essa prova que enraíza o sujeito no encontro de qualquer outro é necessariamente a prova de um desenraizamento radical, oxímoro inteligível, fora de toda totalidade e de todo totalitarismo. "O pertencimento de um ao outro a quem nada pertence" é descrito com os termos do amor, da nudez, da passividade diante do ato puro em que Levinas demanda à voz do poema que faça ouvir simultaneamente o canto do nascimento e o da criação. Pertencimento, portanto, na expropriação de todo território e de todo reino, mas gesto responsável no coração da diacronia. A transcendência é a de um *pathos* elevado à dignidade da graça absoluta e ainda inédita de todo encontro. Essa radicalidade ética, que poderia ser dita "patética", está engajada na gravidade da história, história em que aconteceram justamente os maiores crimes. O que Levinas propõe é um tipo de armamento filosófico contra o reino da força, quer se trate da violência dos regimes eidéticos – que querem totalizar a significação –, ou da força dos regimes estatais, que usam do medo e do terror ao anular qualquer resistência e hospitalidade.

Contudo, nessa oposição do Dizer ao Dito, está claro que a espiritualidade hebraica amarra os poderes do Dizer e da respiração numa elisão implícita do visível. Levinas está sempre a evitar a armadilha da imagem propriamente dita. Defende um regime operatório do imaginário que permaneceria ileso aos avatares da visão, mesmo defendendo a potência do sensível. Não é uma recusa do corpo e da sensibilidade. Ao contrário, ele se entrega a uma descrição muito sensual do encontro dos corpos, quer se trate da relação com o corpo maternal ou da relação amorosa e do contato do carinho. No centro da pura passividade, também está exposta a vulnerabilidade.

> O Dizer descobre, além da nudez, o que pode haver de dissimulação sob a exposição de uma pele despida. Ele é a própria respiração dessa pele, antes de qualquer intenção (...). A exposição tem aqui um sentido radicalmente diferente da tematização. Um se expõe ao outro como uma pele se expõe ao que a fere, como um rosto se oferece àquele que o atinge.[21]

O conjunto da meditação gira em torno da voz do verbo, que não designa mais, mas apenas ressoa, dando a ouvir a respiração do outro na pura proximidade. Radicalidade de uma trilha sonora, poderia se dizer, de uma intimidade enigmática.

O sujeito no Dizer se aproxima do próximo ao se exprimir, no sentido literal do termo, ao se expulsar de qualquer lugar, não habitando mais, não tocando chão algum.

Temos aqui a associação da radicalidade à literalidade no movimento hiperbólico que inscreve o Dizer numa passividade sacrificial. Radicalmente isento do léxico da fraternidade e da semelhança, é, ao contrário, a pura prova da desnudação ardente, incandescente mesmo, em que o sujeito se absorve e se dissolve.

> O *para-o-outro* (ou o sentido) vai até o *pelo-outro*, até sofrer por uma farpa que queima a carne, mas para nada (...). Desnudação até o inqualificável.[22]

---
21. LEVINAS, 1990, p. 83. O tema é retomado na página 140 e seguintes.
22. LEVINAS, 1990, p. 85.

É neste capítulo – onde é desenvolvida a cadeia constituinte e vulnerante ao mesmo tempo da "maternidade, vulnerabilidade, responsabilidade, proximidade, contato"; onde "a sensibilidade pode deslizar para o tocar, para a apalpação, para a abertura sobre (...)" (p. 122) – que se passa alternadamente da zona de contato, carinho e ferida à zona das imagens e das metáforas inevitáveis:

> Há aí, é certo, algo de metáfora, e as coisas seriam verdadeiras e ilusórias antes de serem próximas. Mas a poesia do mundo não é anterior à verdade das coisas e inseparável da proximidade por excelência, daquela do próximo e da proximidade do próximo por excelência?[23]

O mais surpreendente não é tanto a proposição que transforma a mais pura passividade numa energia constituinte, maternal, dolorosa e requintadamente sacrificial, mas sim a que leva Levinas a usar livremente o vocabulário da encarnação, isto é, da carne e do sangue, tal como criado pela doutrina patrística da imagem. Foram os pensadores cristãos que construíram essa doutrina, em que a epifania do rosto sacrificado na temporalidade de uma narrativa abriu o espaço e o tempo de uma pura poética do acolhimento incondicional. Levinas fala de *encarnação*. Ora, trata-se de um termo específico, historicamente inseparável da narrativa cristã, narrativa que, ao separar o corpo da carne, como são separados o real de sua imagem, reorienta o olhar ou, se assim se preferir, o desorienta, o desnuda, o cega para fazer ver no próprio visível o que os olhos não veem.

---

23. LEVINAS, 1990, p. 122.

Não é apenas em Levinas que o termo "encarnação" é usado, mas em todos os lugares, no coração das meditações as mais isentas de referências religiosas, no esquecimento sistemático das condições de sua aparição no léxico ocidental. Com isso, não quero dar a entender que um fundo religioso estaria inconscientemente presente neste uso. É justamente o contrário, como evocarei mais adiante. "Encarnação" é o termo que opera o nó irredutível do visível e do invisível em toda operação imagente. Encarnar-se é se tornar imagem, e nada mais. A radicalidade é então o regime da composição da zona em que esse nó é operado. Levinas escreve:

> O sensível – maternidade, vulnerabilidade, apreensão – amarra o nó da encarnação numa intriga mais ampla que a percepção de si.[24]

Chegado neste ponto do desenvolvimento, ele só pode seguir o fio do caminho antropológico, que se declara de forma precisa:

> O sujeito dito encarnado não resulta de uma materialização, de uma entrada no espaço e nas relações de contato e de dinheiro que a consciência teria realizado. É porque o sujeito é sensibilidade-exposição aos outros, vulnerabilidade e responsabilidade na proximidade dos outros, um para o outro, isto é, significação – e que a matéria é o próprio lugar do *para o outro*... –, que o sujeito é de carne e de sangue, homem que tem fome e que come, ventre numa pele e, assim, suscetível de dar o pão de sua boca ou de dar sua pele.[25]

---

24. LEVINAS, 1990, p. 123.
25. LEVINAS, 1990, p. 124.

Ele se junta à grande retórica oximórica dos primeiros pensadores cristãos que, nos primeiros séculos, pensaram a encarnação sob o signo da radicalidade. Mas eles não foram fiéis a essa radicalidade, já que, em alguns séculos, fizeram das operações imagentes uma estratégia visual a serviço do poder temporal.

Mas Levinas recusa a imagem, reduzindo-a

> às peripécias da representação e do saber, à abertura sobre imagens ou a uma troca de informações.[26]

Ele também fala da

> contorção nas dimensões angustiadas da dor, dimensões insuspeitas do aquém, arrancamento de si, menos que nada, rejeição no negativo – atrás do nada –, maternidade, gestação do outro no mesmo.[27]

Como não se intrigar com essa ginástica acrobática que consiste em defender a radicalidade da encarnação num corpo maternal, corpo que dá sua matéria à pura visibilidade da carne e do sangue ao oferecer, no gesto de um Dizer doador, seu pão à fome e sua pele ao contato do outro? Essa cenografia bem pouco hebraica testemunha uma crise, uma situação crítica do Dizer em sua relação sensível, isto é, em sua relação com as operações imagentes. A ruptura e o laço que unem o Dito ao Dizer têm a beleza de uma quimera filosófica que dá à palavra poética e, para além dessa palavra, ao silêncio que ressoa em todo poema uma dimensão ética, aberta tanto à alegria quanto à gravidade e à dor. É da nossa

---
26. LEVINAS, 1990, p. 126.
27. LEVINAS, 1990, p. 121.

história que se trata, história comprovada através das violências de um século. Há nesse texto um apelo, uma injunção feita à filosofia em favor da responsabilidade e do dom absoluto. Mas é a radicalidade de uma imagem que pode responder à crueldade do mundo pelo gesto que responde por qualquer outro. Levinas se entregou à tarefa de repensar "de outro modo" a questão da radicalidade do mal, à qual fora confrontado pela provação do nazismo. Resta pensar o nó da radicalidade com as operações imagentes. Proponho então um retorno ao que foi a radicalidade de uma fábula que inscreveu no nosso mundo a função constituinte de um imaginário radical e sua inversão histórica na dominação temporal dos poderes instituídos. Foi assim que a vida política lentamente se anulou em benefício das instituições, as quais dominaram o monopólio e o controle do imaginário coletivo. Por muito tempo foi chamada de "radical" a energia contestadora que desestabilizava os poderes instituídos, considerando que essa energia era precisamente política. Hoje, a radicalidade se tornou o inimigo declarado daqueles que exercem o poder com desprezo a toda vida política e em detrimento de toda imaginação inventiva e transformadora.

Imagem

Imagem economia

É preciso, gostemos ou não, dar à questão da imagem um lugar decisivo na consideração do colapso da vida política. Trata-se de voltar a uma notável criação conceitual dos padres da Igreja dos primeiros séculos do cristianismo, que atualizei e analisei numa obra consagrada à modernidade política dos conceitos eclesiásticos.[1] Foi pelo termo "economia" ("*oïkonomia*") que o pensamento cristão se dedicou a fazer da imagem o pivô da doutrina da encarnação, fazendo da encarnação uma questão de imagem. Encarnar-se é tornar-se imagem e nada mais, e é por essa via imaginal que serão colocadas, a partir de então, as condições da liberdade e a do poder tomado sobre essa própria liberdade. A intuição cristã dos primeiros séculos, ao falar de economia, fez duas coisas. Por um lado, libertou o olhar e os gestos criativos

---

1. MONDZAIN, Marie José. *Image, icône, économie. Les sources byzantines de l'imaginaire contemporain*. Paris: Seuil, 1996. [*Imagem, ícone, economia*: as fontes bizantinas do imaginário contemporâneo. Trad.: Vera Ribeiro. Rio de Janeiro: Editora Contraponto; Museu de Arte do Rio, 2013].

das interdições que pesavam sobre eles, e, por outro, fechou o espaço de liberdade que ela acabara de abrir para construir a cena espetacular do poder temporal e do controle da imaginação. Como escrevera Paulo,

> tudo passa a ser permitido (...)

Porém, logo acrescenta:

> mas nem tudo é aproveitável [*sumphoron*];

e insiste ainda:

> tudo é permitido, mas nem tudo constrói (1 Cor., 10, 23).

Essa proposição pode ter dado a entender que se trata de construir o sujeito em sua liberdade. Mas é claramente formulado e confirmado na sequência da Epístola que a nova liberdade deve se implantar nos limites do que é útil à construção da Igreja, isto é, nos limites do poder temporal da Igreja como "corpo do Cristo". Assim, a energia emancipadora que a suspensão de toda interdição podia ter sobre as operações imagentes se torna o seu contrário e faz dela o significante fundador de um império iconocrático. A economia patrística foi a mais sutil montagem nocional destinada a introduzir a visibilidade do poder e o poder da visibilidade sobre a crença. Georges Canguilhem, que foi meu primeiro interlocutor quando eu começava meu trabalho sobre a *oikonomia*, me propôs a palavra "adaptação", que designa a plasticidade do vivo a fim de manter seu poder de sobrevivência. Essa plasticidade foi justamente aquela da Igreja, cuja flexibilidade cheia de artimanhas instaurou uma política que adaptava os meios aos fins, quaisquer que fossem os meios. Ao léxico econômico, é preciso acrescentar o vocabulário notarial que correspondia à formação de Paulo. É assim que veio juntar-se à economia icônica o léxico do legado e da transmissão testamentária. Os cristãos são herdeiros e coerdeiros (*kléronomoi, sunkléronomoi*), e recebem um adiantamento sobre sua herança (*arrabon tes kleronomias*). Este vocabulário testamentário e contábil tem sua sequência naquele do crédito, da aquisição e de todos os valores fiduciários que a fé traz consigo. Paulo é seu inventor. Para captar o nó desse dispositivo com a questão da imagem visível do poder temporal, é preciso aguçar os ouvidos. Com efeito, para o ouvido grego, "*oikonomia*" não se contenta em dar a entender a administração da casa, "*oikos*", já que, em virtude do iotismo dos ditongos, "*oikonomia*" se pronuncia "*iconomia*". Dito de outro modo, quem não ouve a palavra "ícone" ("*eikon*") em "*oikonomia*" passa ao largo do que está em jogo em termos das questões do poder e do vínculo entre iconicidade e a construção cristã do poder e do governo. Adaptar o poder político ao poder do visível, eis a questão. A economia, longe de ser solidária da teologia, anuncia-se contra ela. Isso se mostra claramente à ocasião da crise iconoclasta, quando os imperadores, destruindo as imagens, tentam se apropriar do monopólio da visibilidade política. O defensor das imagens, Teodoro Estudita, não hesitou em acusar o iconoclasta de ser partidário de uma radical intransigência ("*akribeia*"), que o impede de compreender e de aceitar a nova composição econômica do visível com o invisível. O Estudita escreve:

Tu falas segundo a teologia (*kata theologian*), eu falo segundo a economia (*kat'oikonomian*).[2]

É uma guerra pelo poder das imagens que o ecônomo vencerá contra o teólogo. A economia "desradicaliza" a teologia: adaptação, conciliação, trata-se de conquistar o poder temporal e todos os meios serão bons. A economia justifica os meios.

A mudança de paradigma que a entrada do visível na encenação do poder implica não poderia ser melhor expressada. Surge um novo uso da palavra "economia", o qual, como todas as inovações onomásticas do poder, vai logo conseguir dizer uma coisa e seu contrário. O poder institucional cristão será inseparável da administração do visível, a qual se acomodará perfeitamente durante dois milênios com as perseguições, os crimes e a guerra. A organização do espetáculo do poder é inteiramente legitimada por delegação direta do poder temporal pela autoridade invisível do poder espiritual, cujo representante é a instituição. A economia patrística é a fonte do poder representativo. O clero representa o povo diante de Deus e representa Deus diante do povo.

É por isso que o capitalismo ocidental não é, como escreve Agamben, "uma paródia da *oikonomia*" patrística, mas sua emanação sistêmica. Quando Giorgio Agamben se volta à concepção do dispositivo foucaultiano, tenta amarrá-lo à *oikonomia* patrística. Foucault define o dispositivo como

> um conjunto decididamente heterogêneo que comporta discursos, instituições, arranjos arquiteturais, decisões

---

2. ESTUDITA, Teodoro. *Antirréthiques*, II, P.G, Migne, 353D. Vide MONDZAIN, 1996, p. 37 e seguintes.

regulamentares, leis, medidas administrativas, enunciados científicos, proposições filosóficas, morais, filantrópicas, enfim: o dito assim como o não dito, eis os elementos do dispositivo.[3]

Giorgio Agamben desenvolveu de forma singular e totalmente pertinente o dispositivo foucaultiano para o confrontar à *oikonomia* patrística.[4] Eu gostaria, contudo, de observar os limites históricos de sua concepção, principalmente por ele pretender, em 2008, ser o primeiro a fazer ressoar sua implicação política.[5] Agamben lembra a função subjetivante do dispositivo tal como é formulada por Foucault em sua própria ambivalência. Contudo, a forma como opera a amarração do dispositivo à *oikonomia* patrística se dá às custas de uma verdadeira torção histórica. A conclusão de Agamben a propósito da mudança completa do paradigma foucaultiano na paisagem atual do capitalismo ocidental não leva em conta nem o status oximórico da *oikonomia* patrística, nem sua dimensão fortemente *iconômica*, que torna indissociável a questão da economia incarnacional do status da imagem e da política dos olhares. Quando Agamben escreve que

---

3. FOUCAULT, Michel. *Dits et écrits (1954-1988)*, tome III: 1976-1979. Paris: Gallimard, 1994. p. 299.
4. AGAMBEN, Giorgio. *Qu'est-ce qu'un dispositif?* Trad.: Martin Rueff. Paris: Payot-Rivages, 2007. [O que é um dispositivo? In: _____. *O que é o contemporâneo? E outros ensaios*. Trad.: Vinícius Nicastro Honesko. Chapecó: Argos, 2009].
5. "O livro de Marie-José Mondzain, *Imagem, ícone, economia*, limita-se, por sua vez, a analisar as implicações do conceito nas disputas iconoclastas entre os séculos VIII e IX". AGAMBEN, Giorgio. *Le Règne et la Gloire*. Trad.: Joël Gayraud; Martin Rueff. Paris: Seuil, 2008. p. 18. [*O Reino e a Glória*. Trad.: Selvino J. Assmann. São Paulo: Boitempo, 2011]. O autor dessas linhas parece ignorar o subtítulo do livro, "As fontes bizantinas do imaginário contemporâneo", e, portanto, não ter lido o desenvolvimento político e seu desdobramento nas obras seguintes.

> todo dispositivo implica um processo de subjetivação sem o qual o dispositivo não poderia funcionar como dispositivo de governo, mas se reduz a um puro exercício de violência,[6]

ele não deveria associar a essa definição a *oikonomia* patrística, cujas operações puderam exercer uma dessubjetivação sem violência graças a estratégias de comunicação e de persuasão que agiam e que ainda agem pela via das imagens e das palavras. Por causa dessa má interpretação da economia eclesial, Agamben conclui que

> o que define os dispositivos com que lidamos na fase atual do capitalismo é o fato de não agirem mais através da produção de um sujeito, mas por processos de dessubjetivação (...). Na não verdade do sujeito, não há mais, de modo algum, a sua verdade.[7]

Ora, a economia patrística não estava apoiada sobre o sujeito e menos ainda sobre "sua verdade", mas sobre a verdade do poder legitimado pela verdade da revelação, que exige uma operação de dessubjetivação. A legitimação desse poder deve se manifestar no desdobramento das imagens e pela refundação das palavras. Isso é confirmado pelo próprio Agamben, quando quer provar sua tese da mudança própria à "fase atual" recorrendo à descrição do espectador da televisão:

> O espectador que passa a noite na frente da televisão nada recebe, em troca de sua dessubjetivação, além da

---

6. AGAMBEN, 2007, p. 41-42.
7. AGAMBEN, 2007, p. 43-44.

máscara triste do zappeur[8] ou de sua inclusão num índice de audiência.[9]

Isso leva Agamben a uma conclusão paradoxal, que remete exatamente à observação de Klemperer sobre o uso anfibólico do prefixo "ent". É justamente pelo efeito de uma inversão do sentido que a *oikonomia* patrística, que podia inaugurar um processo de emancipação na nossa relação com o visível, foi tratada pela instituição eclesiástica como o conjunto dos procedimentos que confiscam as energias ficcionais para fazer do sujeito imagente o espectador cativo da representação visível do poder. A lição foi benéfica para todos os candidatos do poder supremo. Quem detém o monopólio das imagens se faz mestre do olhar, a despeito das funções críticas do sujeito, cuja sensibilidade não é mais que o registro emocional de um corpo apreendido entre pecado e redenção. A história do capitalismo é inseparável da montagem cristã que se encarregou de constituir a língua própria para a designação das relações do visível e do invisível, e de fixar as regras da comunicação visual, instituindo o que chamo de *iconocracia*. Cabe à vida política devolver às operações imagentes sua virulência radical, isto é, fazer da imaginação uma energia que manifesta nossa liberdade nos gestos do trabalho e nos da criação. Se o que se quer é tirar toda uma juventude do abismamento niilista e de uma piedade fantasiada, isso deve ser feito através de seu poder de trabalho e de criação.

É um combate sem fim mostrar que *a imagem não é um reino* e que as imagens que reinam colocam as operações imagentes em grande perigo, às quais devemos

---
8. [N. T.] "*Zappeur*": aquele que troca de canal, do verbo "*zapper*", "zapear", trocar de canal.
9 AGAMBEN, 2007, p. 44.

"originalmente", contudo, fora de qualquer origem atribuível, o fato de sermos livres e inventivos. A imagem não tem status ontológico e, nesse sentido, a energia imagente não reivindica ser e não padece por não ser. Ela ocupa essa zona da aparência e da despossessão de qualquer reino, com a qual o reino institucional e a política do espetáculo nunca deixaram de estar em conflito ou em debate. Como as imagens se tornaram um reino, já que ouvir isso se tornou recorrente, em fórmulas como "nós vivemos na era da imagem e da videosfera"? Não se pode perseverar na constatação simplista que consiste em confundir a radicalidade originária das operações imagentes com o tratamento técnico e mercantilizado da comunicação visual. Certamente serei criticada por essencializar a imagem diante das produções visuais as mais variadas. Não é nada disso. O risco do essencialismo é bem maior naqueles que pensam que as imagens formam uma massa homogênea e têm como traço comum o fato de estarem ligadas à atividade da visão e do olhar. São aqueles que reduzem a imagem à experiência da percepção os que ontologizam o visível. O que eu defendo aqui é, ao contrário, a operatividade de uma aparência – o que significava a palavra "*eikon*" –, aparência de um sensível sem ser, cuja indeterminação radical abre a imaginação dos possíveis. Distante de qualquer pretensão a uma verdade, essa aparência, que tomou o nome de imagem, não é outra coisa senão esse impulso do sujeito, assim como da coletividade, para as figuras do que aparece no esplendor de um "outro modo" não identificado. Talvez façam a objeção de que essa "imagem" é invisível e, portanto, usurpa o nome de imagem; a isso, responderei que imagem é por definição o resultado de uma prova de retrato que sempre parecerá usurpar o lugar que ela, contudo, não ocupa.

Essa distância entre a imagem e as coisas não é a mesma do traço que separa o significante do significado, mas aquela que realiza um salto radical entre a presença e a ausência das coisas para ocupar o lugar indesignável desse próprio traço: o limiar, a linha, o fio onde o visível e o invisível se mantêm num equilíbrio indecidível. O que pode ser mais radical que o passo do funâmbulo, cuja coragem, nobreza e fragilidade foram celebradas por Genet?[10]

O imaginário radical

A articulação do capitalismo com uma confiscação da radicalidade compreendida como energia específica de um imaginário político é o que Cornelius Castoriadis se esforçou para mostrar. O que ele chama de "imaginário radical" é estranho a qualquer extremismo e distante dos diferentes destinos da sublimação. Ele provocou um grande choque ao ousar falar de sublimação no caso da ideologia nazista. Ele queria preservar a radicalidade de toda interpretação que a faria cair para o lado da idealidade ou para o lado da morte. Como evocado antes, o sublime e a sublimação tendem um e outro a manter a paixão do extremo e a acomodar-se com fantasias mortíferas e com o exercício da crueldade. O imaginário radical não tem o que fazer com a ferocidade ou com o heroísmo. Cruzar um limiar rumo às alturas ou aos abismos para afastar ou reconduzir a pulsão de morte não tem nada a ver com a hipótese feita por Castoriadis, de um núcleo radical que habita todo sujeito enquanto

---

10. GENET, Jean. Le Funambule. In: _____. Œuvres complètes, Tome V. Paris: Gallimard, 1979. p. 10-27.

lugar da indeterminação, enquanto agente livre de todos os possíveis. O exercício da liberdade não é sublime, assim como não pertence a um idealismo teorético, a uma disposição ética ou de representações fantasiosas. A partir do texto da *Teogonia*, de Hesíodo, ele se entrega a um elogio ao Caos, não para designar o *tohu wa-bohu* primitivo de uma desordem, mas como pura abertura geradora donde a vida e a multiplicidade das formas vão surgir.

> No começo foi o Caos, depois a Terra de amplo seio, morada sempre segura de todos os imortais que habitam os cumes nevados do Olimpo; em seguida, Tártaro sombrio, localizado nos abismos da Terra de vias largas; enfim Eros, o mais belo dos deuses, Eros que amolece os membros e, conquistando o coração de todas as divindades e de todos os homens, triunfa em sua sábia vontade. Do Caos nasceram Érebos e Noite negra. Da noite então nasceram Éter e Dia, concebidos em união de amor com Érebos.[11]

Tal é a imagem mítica que conta o engendramento do mundo, e dos mundos, dando a entender que a condição da vida dos corpos e do espírito é um bocejo originário e tenebroso. O lugar indesignável da radicalidade é aqui a imaginação. Na síntese maior que constitui *A instituição imaginária da sociedade*,[12] Castoriadis fala dessa região do ser como energia dessubstancializada

---

11. *Théogonie* [v. 116-124]. Trad.: Paul Mazon. Paris: Les Belles Lettres, 1951. [N. T.] Optamos por não reproduzir as traduções já existentes da *Teogonia* em português, mas por traduzir direto do trecho em francês citado por Mondzain.
12. CASTORIADIS, Cornelius. *L'institution imaginaire de la société*. Paris: Seuil, 1975. [*A instituição imaginária da sociedade*. Trad.: Guy Reynaud. São Paulo: Paz e Terra, 1982].

que seria o lugar atópico da imaginação radical. O que ele chama de "essa região do ser" é assim descrito:

> Como inconsciente, a imaginação radical se faz ser, faz ser o que não é em nenhum outro lugar, o que não é, e que é condição para nós para que o que quer que seja possa ser.[13]

Foi então a partir de uma escuridão incandescente, de uma energia irredutível, que surgiu não apenas a vida, mas também seu movimento individual e comunitário. Essa origem é instituinte do sujeito e da comunidade, e se mantém em cada sujeito, dando-lhe ao mesmo tempo sua capacidade de vinculação e desvinculação, sua força resistente a toda imobilidade ou imobilização de sua turbulência, portanto. Essa dupla tensão faz do agente de uma história institucional comum o lugar das tensões e das rupturas que não param de mover o que tende a se perenizar. A infigurabilidade dessa energia inengendrada, a partir da qual surge tudo o que se torna, é apreendida pelo paradoxo de sua própria formulação. Para escapar dessa tensão contraditória entre a verdade do *logos* e a do *mythos*, a imagem viria a operar, no limiar que os separa ao uni-los, o visível e o invisível. A imagem é justamente o lugar indesignável que põe em relação o que não tem relação. Ali onde Levinas diz "*autrement*", Castoriadis indica um "além" sem lugar que institui um outro tempo, que ignora o tempo, como Freud diz a respeito do inconsciente. Castoriadis recusa, então, o uso e o sentido do termo "representação" nas tradições idealistas ou materialistas da filosofia. Ao denunciar o que chama de "fetichismo da coisa", recusa

---
13. CASTORIADIS, 1975, p. 426.

que a representação seja reconhecida apenas no campo constituído dos signos que nomeiam e que mostram as coisas. Assim, ele postula que

> a representação é imaginação radical.[14]

Essa surpreendente proposição, que quer ser ao mesmo tempo detonante e destronante, continua numa longa frase, cuja complexidade abre a questão da imagem, questão que jamais deixará de embaraçar qualquer pensador da radicalidade.

> O fluxo representativo é, se faz, como autoalteração, emergência incessante do outro em e pela posição (*Vorstellung*) de imagens ou figuras, colocação em imagens que desenrola, faz ser e atualiza constantemente o que aparece de forma retrospectiva, à análise reflexiva, como suas condições de possibilidade pré-existentes: temporalização, espacialização, diferenciação, alteração.

E um pouco adiante:

> A representação é a apresentação perpétua, o fluxo incessante em e pelo qual tudo se dá (...). [O] fluxo representativo permite justamente que se veja a imaginação radical como transcendência imanente, passagem ao outro, impossibilidade para o que "é" de ser sem fazer ser o outro (...). Enquanto imaginação radical, somos o que "se imanentiza" em e pela posição de uma figura e "se transcende" ao destruir essa figura pelo "fazer-ser" de uma outra figura.[15]

---

14. CASTORIADIS, 1975, p. 478.
15. CASTORIADIS, 1975, p. 481 (as duas citações).

A escrita de Castoriadis é em geral tão clara que a dificuldade e a ausência de fluidez que surgem aqui nos surpreendem, mais uma vez, em sua própria expressão. Como distinguir dois regimes da representação sem reconhecer uma abundância semântica entre os termos "imagens", "figuras" e "esquemas"? Como escapar da tradição filosófica do esquematismo e do transcendental? Como saudar o advento de um sujeito num lugar constituinte que seria dessubjetivante ao desdobrar o termo figura, figura que primeiro é posta para ser destruída e posta outra vez como figura do outro? Parece que seria mais claro substituir, às ambivalências paradoxais da representação e da figura, a imagem, decididamente ainda temida, para a qual, contudo, os termos "imaginário" e "imaginação" continuam a remeter. Ele escreve, então, cuidadosamente:

> Não é possível falar aqui numa "imagem", por mais vago e indefinido que seja o sentido dado a este termo.[16]

Percebe-se a presença de aspas em torno da palavra perturbadora que, contudo, vai levar a uma sequência de observações teológicas:

> Deus talvez seja, para cada um dos fiéis, uma "imagem" – que pode até ser uma representação "precisa" –, mas Deus, enquanto significação social imaginária, não é nem a "soma", nem a "parte comum", nem a "média" dessas imagens, ele é antes sua condição de possibilidade e o que faz com que essas imagens sejam imagens "de Deus".[17]

---

16. CASTORIADIS, 1975, p. 215.
17. CASTORIADIS, 1975, p. 215.

Como não se surpreender pela abundância súbita dessas aspas, como se ao falar da imagem os significados deixassem de ser dominados, mesmo continuando a defender sua necessidade funcional. Castoriadis escreve isto:

> A imagem é, aqui, portanto, um símbolo – mas de quê? Para sabê-lo, será preciso entrar nos dédalos da elaboração simbólica do imaginário no inconsciente. O que há do outro lado? Algo que não está lá *para representar* outra coisa, que é antes condição operante de qualquer representação ulterior, mas que por si próprio já existe sobre o modo da representação: a fantasia fundamental do sujeito, sua cena nuclear (não a cena primitiva), onde existe o que o constitui em sua singularidade: seu esquema organizador-organizado que se imagina e que existe não na simbolização, mas na presentificação imaginária que é, já para o sujeito, significação encarnada e operante, primeira apreensão e constituição de imediato de um sistema relacional articulado que estabelece, separa e une "interior" e "exterior", esboço de gesto e esboço de percepção, repartição dos papéis arquétipos e imputação originária de papel ao próprio sujeito, valorização e desvalorização, fonte da significância simbólica ulterior, origem dos investimentos privilegiados e específicos do sujeito, um estruturante estruturado. No plano individual, a produção desse phantasma fundamental é do âmbito do que chamamos de imaginário radical (ou imaginação radical); esse próprio phantasma existe ao mesmo tempo no modo do imaginário efetivo (do imaginado) e é primeira significação e núcleo de significações ulteriores.[18]

---
18. CASTORIADIS, 1975, p. 214.

Esse extrato enigmático é uma verdadeira façanha conceitual que faz com que uma fonte obscura e mesmo tenebrosa ilumine com todas as chamas da encarnação – ainda ela! – o que dá nascimento não apenas ao sujeito, mas à sociedade inteira. Ela é o braseiro nuclear, detentor de uma potência quase atômica e sem a qual não há nem invenção da ordem, nem criação dos eventos da história. O inconsciente já está convocado ali, bastando o registro da noite, do dédalo e, apesar de tudo, do esboço. Falar em esboço já é sugerir um início de forma, e, se esse esquema originário evita ser designado em termos de origem, é assim mesmo, com o originário, que se justifica o uso de palavras como "ulterior". Dito de outra forma, é necessária uma grande imaginação para formular dessa maneira a hipótese do imaginário. Nesse sentido, o livro de Castoriadis faz prova de suas próprias hipóteses. Contudo, não se pode permanecer na curva prestes a se fechar com um elogio sofístico. O texto merece que se examine mais de perto os termos nos quais a hipótese da "imaginação radical" implora pela radicalidade de toda exigência de liberdade, seja ela individual ou coletiva. Ele falou de "dédalo" e sem dúvida pensou em Dédalo, construtor do labirinto, cuja figura dá o título ao conjunto de suas meditações filosóficas e políticas.[19]

A metáfora do labirinto pode induzir que ele se apega à continuidade de um fio para instituir a fidelidade de suas trajetórias e permitir ao mesmo tempo acabar com o terror e encontrar a luz vivente da ordem. Ora, em Castoriadis, a defesa da radicalidade modifica a fábula e lhe confere ao contrário seu fio cortante. "Corte" é uma

---

19. *Les carrefours du labyrinthe* comportam seis tomos publicados pela editora Seuil a partir de 1978, o último, a título póstumo, em 1999. [Em português, publicados como *As encruzilhadas do labirinto*].

palavra radical e fundadora no labirinto das explorações, das encruzilhadas e das escolhas. Cortar[20] é escolher operando uma ruptura, e para isso é preciso que o fio seja o da navalha, o fio da lâmina afiada, pronta para o combate. Nesse ponto, somos levados a pensar na sequência do Amolador de facas, filmada por Straub e Huillet à ocasião da gravação de *Gente da Sicília*: ouvimos o Amolador responder ao Homem que o interroga sobre seu trabalho, trabalho radical, aliás, caso esses existam:

> H: Mas o que te dão para amolar, se não dão nem facas e nem tesouras?
>
> A: É o que eu sempre lhes pergunto: o que me dão para amolar? Não me dão uma espada? Não me dão um canhão? E os encaro de frente, nos olhos, e vejo que aquilo que me dão não merece sequer o nome de "prego". Dá prazer amolar uma lâmina de verdade. Se a lançar, é um dardo. Se a empunhar, é um punhal. Ah! Se todos tivessem sempre uma lâmina de verdade!
>
> H: Por quê? Você acha que poderia acontecer alguma coisa?
>
> A: Às vezes me parece que bastaria que todos tivessem dentes e unhas para amolar. Eu os amolaria, morteiros, foices, martelos, canhões, canhões e dinamites, como dentes de víbora, como unhas de leopardo.[21]

---

20. [N. T.] "*Trancher*": o verbo francês significa cortar, fatiar, mas também decidir, ou, em linguagem jurídica, sentenciar. "Cortar", em português, infelizmente não mantém o jogo de palavras, mas optamos por essa tradução em razão do sentido do corte da lâmina, do fio ou do gume da faca, explorado a seguir no texto de Mondzain.
21. "Le Rémouleur" [2001, 6'58] (nova montagem de uma passagem de *Gente da Sicília*), em *Huillet et Straub – Volume 2* [DVD], edições Montparnasse, 2008.

O corte do fio transforma a narração labiríntica, pois o triunfo do Minotauro só depende de um fio, e sua derrota também. Se o labirinto deixa de ser um assunto de arquiteto que abriga a voracidade "de um monstro da loucura unificante",[22] passando a ser assunto de geógrafo e de geômetra, então o que importa em cada encruzilhada não é, como para o Pequeno Polegar, evitar de se perder através da conservação dos traços ou da continuidade do fio, mas, ao contrário, criar a cena da separação: não há fio de Ariadne, mas um combate em cada encruzilhada para poder tomar justamente o caminho bloqueado. A astúcia salvadora do fio de Ariadne consistia em reencontrar seu caminho; portanto, em poder voltar para escapar por uma saída que não é outra senão a própria entrada. Ao contrário, as encruzilhadas do labirinto são lugares decisivos, sem retorno, cuja travessia se dá apenas em termos de luta e de energia imaginária, isto é, criadora. Para Castoriadis, não é possível se perder quando se inventa a continuação. Escolha radical e criadora sobre um território construído e pensado como uma rede de caminhos em que se evita os fios do retorno e os do extravio.

> A representação não é quadro pendurado no interior do sujeito com diversas ilusões de ótica; não é fotografia ruim do "espetáculo do mundo" que o sujeito abraça em seu coração e nunca pode perder.[23]

O labirinto impõe a necessidade do salto ou, para dizer de forma mais clara, a escolha de uma via arriscada cuja saída não depende da continuidade de um

---

22. CASTORIADIS, 1975, p. 435.
23. CASTORIADIS, 1975, p. 481.

fio, mas tece, ela própria, o fio aracniano onde vem dar seu passo e inventar seu itinerário. Não passamos pelo labirinto como se fosse uma armadilha preestabelecida e elaborada por outros para nossa perda. Evoluímos labirinticamente em espaços sem volta cuja energia inaugural depende incessantemente de nós. Quando a energia da origem não é outra senão aquela da própria destinação, os cruzamentos e as bifurcações inscrevem no espaço zonas imprevisíveis onde a cada instante se decide uma forma sem precedente. A imagem é a aparição dessa forma, a zona é o lugar dessa geografia dos possíveis. Talvez chamemos de "artista" o corpo que dá à aparição dessa forma uma visibilidade que permite a partilha, isto é, que dá a essa partilha o nome de um ator que é aquele de um autor.

Proponho-me a inscrever, a partir dessa zona, um novo desdobramento da radicalidade imaginativa, criadora de espaços e de temporalidades comuns. Contrariamente ao modelo antiplatônico de Castoriadis, que considera Platão como adversário da democracia, eu deslocarei o cursor da leitura de Platão para nele identificar, ao contrário, uma indicação fundadora da relação da imagem com a temporalidade e com o exercício surpreendente que ele faz de sua própria *phantasia* para pensar a inscrição radical da imagem num lugar de absoluta indeterminação.

Zona e zonards[1]

Chôra: abertura sobre a zona

Para retornar obstinadamente à questão da imagem, é possível, a despeito do desacordo político de Castoriadis com Platão, reconhecer que sua busca carrega em seu centro a marca de uma inquietação não resolvida acerca de Platão. Sua proximidade política com Tucídides não basta para resolver o que o imaginário radical deve surpreendentemente a Platão. Em sua leitura do *Timeu*, essa preocupação afronta a nuvem da imagem e do tempo. Nuvem que é trabalhada justamente por Platão em termo radical, isto é, originário e até matricial. Castoriadis então escreve isto:

---

1. [N. T.] "*Zonard*", que se flexiona no feminino em francês como "*zonarde*", é um termo que nomeia o sujeito da zona. Em seu ensaio "A imagem zonarde ou a liberdade clandestina", Mondzain explica que a palavra "*zonard*" "designa uma forma de habitar o mundo nômade, clandestino, indetectável, cuja identidade fugitiva escapa de qualquer controle", e que "em nossas cidades, a zona costuma ser o subúrbio, o *no man's land* ou o terreno baldio" (MONDZAIN, 2018, p. 18). O leitor encontrará, nas páginas seguintes, uma definição mais completa do que Mondzain entende por "zona" e "*zonard*". Optamos por não traduzir o termo, pois palavras em português como "andarilho", "vagabundo" ou outras aproximações não dão conta completamente do sentido estabelecido pela autora, além de perderem o vínculo etimológico com a zona, caro à filósofa e à sua obra.

Com efeito, é claro que, ao começarmos a nos interrogar, a possibilidade de distinguir absolutamente "tempo", "espaço" e "o que" aí se encontra torna-se das mais problemáticas (...). Para mensurar a profundidade e as implicações dessa questão, seria preciso voltar detidamente ao primeiro grande texto da filosofia em que "espaço", "tempo" e "o que é" foram explicitamente tematizados e discutidos em suas relações, e onde já aparecem quase todas as necessidades quase insuperáveis que comandarão até hoje o pensamento filosófico: o *Timeu* de Platão. Isso não pode ser feito aqui.[2]

Em nota, ele anuncia um próximo estudo que irá consagrar a esse diálogo platônico. Contudo, ele toma o cuidado de fazer uma breve análise e encontra, nesse caminho, o termo *"chôra"*, por ele definido como:

espaço separável-inseparável d'"o que" nele se desenrola. Essa *chôra*, ela própria *eidos*, é sempre incorruptível... Mas essa ideia, como não a generalizar, radicalizá-la?[3]

Assim, essa *chôra* Derrida questionou com persistência:[4]

O que é o lugar? A que e a quem ele dá lugar? O que acontece sob esses nomes? Quem é você, *Khôra*?[5]

Adiante, ele conclui:

---

2. CASTORIADIS, 1975, p. 279 e seguintes.
3. CASTORIADIS, 1975, p. 284.
4. DERRIDA, Jacques. *Khôra*. Paris: Galilée, 1993.
5. DERRIDA, 1993, p. 63.

Depois dessas precauções e hipóteses negativas, será compreensível que deixemos o nome de *Khôra* protegido de qualquer tradução... Nunca pretenderemos propor a *palavra certa* para *Khôra*, nem enfim chamá-la em si mesma, para além de todas as voltas da retórica, nem a abordar, *em si mesma*, por aquilo que teria sido fora de todo ponto de vista, fora de toda perspectiva anacrônica. Seu nome não é uma *palavra certa*. Ele está prometido ao inapagável, mesmo se o que nomeia, *Khôra*, sobretudo não se reduz a seu nome.[6]

Aqui, estamos no ponto nodal, onde a problemática do *eidos* cruza a do *eikôn*. Platão, anteriormente no *Timeu*, antes de inscrever e de descrever seu "imaginário radical", havia nomeado o tempo como imagem – *eikôn* – móbil da eternidade (37d, 5). Dizer que o tempo é imagem, e que essa própria imagem é eternidade em movimento, é uma formulação de uma audácia e de um poder inauditos. Numa fórmula de três palavras, Platão iça *eikôn* à altura da zona em que ocorre o devir sensível e visível do próprio mundo inteligível, implantando-se no real segundo o número em movimento. A imagem é, então, o que põe em relação no tempo a eternidade da ideia e o espaço em que experimentamos a realidade sensível do devir em sua aparição. A imagem é aparição da ideia no mundo do devir temporal. Mas Platão quer logo precisar a natureza desse "lugar" indesignável, o do terceiro gênero do ser onde essa relação opera, onde o *eikôn* é movimento do *eidos*, da ideia em sua eternidade. A imagem é para sempre do "terceiro gênero", lugar não do ser, mas do "nascer". Por isso, a etapa seguinte da meditação platônica vem responder à questão do lugar

---

6. DERRIDA, 1993, p. 46.

de nascimento da aparição sensível da ideia. Platão imagina, em sentido pleno, a abertura desse lugar vazio que é o da gestação do visível. Ele constrói essa hipótese e o faz surgir, como se fosse um neologismo, com o nome de "*chôra*". Evidentemente, essa palavra não é um neologismo, existe ao lado e separadamente de "*topos*", que é a palavra da localização, do lugar no qual se pode situar, nomear e contar as pessoas e as coisas, de que se ocupa não apenas a física, mas também a política. E, contudo, atópica, *chôra* chega ao campo filosófico como um enigma lexical que não deixará de trazer um problema de tradução. Na língua comum, designa o espaço não urbano. É o campo que pode ser cultivado, o extracampo da cidade, que escapa à determinação dos limites e das instituições. Surge, assim, a questão: a palavra vai ocupar um lugar intermediário, terreno baldio e cultivado, delimitação e falta de limitação, cujo nome tem a porosidade da membrana que separa e compõe a vizinhança entre o *logos*, que o designa, e o *mythos*, que o alucina. Platão, para introduzi-la, deve absolutamente inventar esse terceiro gênero do ser (*triton genos*), que não é nem do âmbito do mundo inteligível e solar das ideias, nem do mundo das sombras sensíveis próprias às incertezas e às aparições precárias. É preciso imaginar uma "zona" de onde um regime de visibilidade surge para a imagem da eternidade, uma "zona" de indeterminação originária, sem a qual seria impossível para um vivente pensante e falante encarar, dar sua *cara* à aparição da ideia. Imaginar essa zona sem jamais vê-la é reconhecer nela a condição da própria visibilidade. Aristóteles herda algo dessa exigência "mítica" quando, no tratado *Da Alma*, dá o nome de "diáfano" a uma instância sem nome (*anonymos*) que é a condição invisível da visibilidade. A *chôra* platônica tem a diafaneidade, a transparência, do que é a compilação e a matriz do visível. A origem do visível se encontra na invisibilidade matricial da *chôra*, a qual ele diz ser obscura (*amudron*), difícil de pensar (*kalepon noein*), difícil de crer (*mogis piston*), dada como em sonho (*oneiropoloumen*) e de forma bastarda (*nothos*). Platão é, então, com efeito, o primeiro a formular em filosofia a necessidade de pôr em sua radicalidade uma instância imaginária, isto é, pôr a hipótese sem a qual não se pode ver nada, que, na vida sensível, atribui lugar ao pensamento e possibilidade ao saber. Castoriadis deve a Platão essa simbiose teórica entre originário e imaginário, mesmo se não traduz *"chôra"*, que eu traduzo aqui como "zona". Esse receptáculo do visível é sua fonte, matriz (*métra*), nutriz (*tithènèn*) do visível (48a-52e). O invisível é a condição do visível, a partir de um espaço sem lugar que opera radicalmente como pura indeterminação matricial e, portanto, fecunda sem ter precisado ser fecundada. Pode-se perceber por aí a razão de os pensadores cristãos terem se apoderado dessa *chôra* para nomear a Virgem, matriz e ama de um divino bastardo, membrana diáfana e intacta, que põe no mundo assim como se faz aparecer numa tela a imagem natural, arquétipo de todas as imagens possíveis, imagem engendrada e não engendrada, visibilidade que não cessa de morrer para ressuscitar. Essa matriz é o que dá sua cara à transcendência, o que permite, como já disse anteriormente, encarar a visibilidade da ideia. Os pensadores cristãos nomearam *"prosopon"*, isto é, "face aberta ao olhar", o rebento icônico da *chôra* maternal e amamentadora. No ritmo da diástole e da sístole próprio à temporalidade do olhar. Traduzir *"chôra"* por "zona" é bastante fiel ao dispositivo especulativo que formula as condições da imagem e do visível, pois *"zonè"* é a cintura, o perímetro que dá sua forma ao visível, o limite do incircunscritível ao mesmo tempo que a inscrição – "*graphè*" – do ilimitado. Mas essa grafia desafia a escritura e sua legibilidade; ela opera em excesso, em transbordo da materialidade dos signos. O *grapheus*, quando faz imagens, é um *zonard*, como o é todo artista cujos gestos que fazem nascer o sensível se colocam no limiar indiscernível do visível e do invisível. Questão de membrana, que os gregos designaram pelo nome de "*hymen*". Essa situação paradoxal quase oximórica da *chôra* não deixou de atormentar os pensadores que sonham em instituir algo do imaginário e em celebrar sua potência e necessidade, mesmo deixando de lado a imagem propriamente dita.

Múltiplas foram as razões que me fizeram escolher chamar de "zona" a essa *chôra*: além da injunção platônica de reconhecer nela o nome dado à prova do ilimitado em sua móbil eternidade, a razão mais forte é que isso permite aos *zonards*, sem domicílio fixo e sem identidade designada, aos exilados e excluídos de todas as proveniências, compartilhar de um lugar de hospitalidade incondicional, onde tudo é possível, onde nada está submetido ao império da necessidade. Podemos compartilhar com os *zonards* a liberdade dessa imaginação radical, isto é, os debates coletivos sobre as condições da comunidade, as conversações do olhar que trazem para a palavra as experiências da sensibilidade. Isso significa que nós devemos construir juntos a cena dessa partilha. É na zona de pertencimento de todo vivente a um espaço de liberdade e de invenção, nesse espaço transgenérico, próprio à imagem, que se inscrevem nossos gestos inventivos e nossas resistências. A confiscação e a perda dessa fonte da radicalidade levam todo sujeito dessa perda a tentar as experiências extremas que são a piedade fanática, os ritos purificadores e iniciáticos do sacrifício assassino e suicidário, os furores da intolerância e a obediência cega a recrutadores impiedosos. Os extremistas, de leste a oeste, são uma paródia trágica da exigência de sentido, paródia que não recua diante de nenhum disparate, aqui, criacionista, lá, redentor ou paradisíaco. É preciso parar de ver os convertidos com o terror com que são vistos os bárbaros, os monstros ou os loucos. Eles encarnam a miséria profunda do imaginário coletivo, que o capitalismo nunca cessa de esgotar. Esse mesmo capitalismo simultaneamente satura sem cessar a energia do desejo com os produtos eufemizantes que se pretendem salvadores, da distração e da guerra santa. Essa paródia terrificante apenas repete, prolonga e mantém a indústria balística dos fluxos apocalípticos. Mas nada pode nem poderá atrapalhar para sempre essa domesticação da imagem, que gostaria de fazer dela a ferramenta dócil de toda violência iconocrática. É em nome dessa resistência possível que defendo aqui a radicalidade emancipadora de todos os gestos de hospitalidade e de criação. São os mesmos; eles têm o dever de ser os mesmos.

Zonards – Deligny

Penso que para trabalhar de forma mais profunda a questão da radicalidade, seria bom deixar uma homenagem a Fernand Deligny, que fez o trabalho de terapeuta, como político e como poeta, em seu encontro com crianças autistas. Aqui, o recurso à experiência e à obra de Deligny se torna ainda mais importante diante do fato de o autismo hoje estar no coração do destino reservado mais geralmente ao sofrimento psíquico e às abordagens terapêuticas. O comportamentalismo e seus auxiliares farmacológicos estão em plena harmonia com o retorno das ideologias da normalidade e o desenvolvimento das exigências de êxito e de performance. Em todo lugar, esses programas estão habitados pelas tiranias dos *experts* e pela exigência de rapidez. Em nossa relação com o tempo, o exercício da paciência e da escuta é considerado como uma perda ainda mais inútil por ser difícil de estabelecer "o orçamento necessário a um comitê de direção" encarregado, pode-se dizer, de desradicalizar os autistas.

Deligny compartilhou com as crianças autistas a cotidianidade de uma vida em ruptura radical com as instituições porque considerou a criança autista como sujeito de uma radicalidade irredutível. Essa postura o levou a manter um tipo de relação genealógica com as tais crianças, como se estas nos colocassem na presença de uma humanidade fóssil, propriamente dita como "radicalmente" presente e politicamente significante.

Aqui, quero lembrar a ligação direta que Deligny estabelece entre a imagem e seu encontro com o mundo autístico. Essa experiência foi objeto de filmes que levaram Deligny não apenas a construir uma verdadeira teoria da imagem e do cinema, mas, além disso, a mapear graficamente as trajetórias aracnídeas percorridas incessantemente pelas crianças com as quais vivia. As "linhas de errância" constituíram uma geografia íntima que inscrevia a cenografia de seus gestos no enigma de um espaço labiríntico. De maneira alguma se trata, como esclarece Deligny, de considerar os autistas como uma humanidade ideal. A radicalidade do problema colocado por aquelas e aqueles que parecem viver na fronteira exterior da comunidade falante talvez esteja mais próxima do núcleo de nossa interrogação. Deligny não considerou as crianças autistas como doentes colocados no extracampo da humanidade por seus problemas. Ao contrário, considerou-as como pessoas que, mantendo-se no lugar originário da própria humanidade, tinham com as imagens uma relação radical, inseparável dos gestos que as fazem agir plenamente enquanto não fazem nada e porque não fazem nada.

Deligny tira disso a lição política, ao considerar que o sujeito lacaniano da linguagem é inevitavelmente o sujeito do campo das identificações e das dominações. Esse sujeito da linguagem é por ele chamado de "*bonhomme*",[7] reservando o nome de "garoto"[8] à criança que age sem palavra no território algo imemorial de suas referências. Deligny fala em humanidade fóssil, em radicalidade animal da imagem.

> O tempo da imagem, não importa o que digam, não é o nosso. A era da imagem! Quando nunca estivemos tão longe da imagem. Estamos no século da linguagem, do bate-papo, da reprodução verbalizante, da palavra desenfreada. É preciso falar... É preciso de linguagem em algum lugar, senão estamos perdidos... Eles consideram que essa característica da linguagem mantém a singularidade do homem em relação ao animal... Um susto antigo.

Ora, talvez a imagem seja do reino animal...

---

7. [N. T.] "*Bonhomme*" é um termo que tem muitos significados em francês, que vão desde a ideia de "homem virtuoso" (quase o "cidadão de bem") até, num sentido pejorativo, o sujeito ingênuo. Mas pode ser também um "homem qualquer" ou a figura que representa o "homem médio". Em relação à obra de Deligny, o termo já foi traduzido em português como "homenzinho". Ver, por exemplo, "Quando o homenzinho não está aí", em *O Aracniano e outros textos*. Trad.: Lara de Malimpensa. São Paulo: N-1 Edições, 2015. Optamos por manter o termo no original, com a indicação da tradução mais corrente em português, "homenzinho".
8. Ver *Ce gamin-là* [*Esse Garoto aí*], filme de Renaud Victor gravado junto de Deligny, em 1975, em Cévennes, Éditions Montparnasse, 2007.

> A imagem, no sentido em que a entendo, a imagem própria é autista. Quero dizer que ela não fala. A imagem não diz nada.[9]

Esse regime intempestivo da palavra é uma verdadeira altercação com o mundo da saúde mental e, através dele, com a sociedade inteira. Trata-se não apenas de subtrair as crianças autistas da tirania das normas de um mundo falador e sem imagem, mas de passar por elas para encontrar uma energia ativa originária, cujo Caos é o de Hesíodo, uma abertura de onde surgem o cosmos e toda energia vital. O autismo não é uma desordem mental, mas uma forma de ser humano, uma forma radical, inseparável da força constituinte das operações imagentes. Deligny enfrentou, se pudermos assim dizer, a questão da imagem em sua relação com as crianças ditas autistas e em sua meditação, estendida àquilo que cria a humanidade. Para alcançarmos sua extraordinária profundidade, podemos voltar a uma narrativa na qual Deligny evoca uma cena de sua infância. Ele se lembra dessa cena tal como, de olhos fechados, repassamos na tela da memória o desenrolar de um filme, o do roteiro fundador.[10]

> No tempo em que meu avô era responsável por minha educação – eu estava na idade em que criava ondas com mãos de mestre – toda vez que ele ouvia falar em cruz, dizia: *"e a bandeira..."*, fórmula que se parecia com: *"a espada e o aspersório"*.[11]

---
9. DELIGNY, Fernand. *Œuvres*. Paris: L'Arachnéen, 2007. p. 1774-1775.
10. DELIGNY, Fernand. *L'Arachnéen et autres textes*. Paris: L'Arachnéen, 2008. [*O Aracniano e outros textos*. Trad.: Lara de Malimpensa. São Paulo: N-1 Edições, 2015].
11. DELIGNY, 2008, p. 200. [N. T.] A passagem contém referência a duas expressões, entre aspas no original: *la croix et la bannière* [a cruz e a bandeira, ou estandarte], que alude a uma tarefa árdua ou demasiado formal; e *le sabre et*

Essa lembrança da infância retorna mais adiante, de forma surpreendente, e faço dela uma longa citação, pois cada etapa na tela da lembrança conduz o leitor até esse limiar perigoso e jubiloso onde a imagem indica o surgimento da vida inseparavelmente da prova íntima de sua própria desaparição. A imagem opera para dar lugar a um pertencimento à humanidade inteira no coração de uma dessubjetivação que secreta uma figura ordinária e fundadora da liberdade a partir de um suspense da crença:

> Ao reler as páginas deste diário, deparo com a cruz... e *la bannière*.[12] Foi por volta dos sete anos de idade que devo ter ouvido falar que *bannière* queria dizer aba de camisa, e, quando volto a pensar nisso, parece-me que fui de alguma forma vacinado contra as atrações medievais, em que cada senhor tinha sua *bannière*, e contra as procissões, onde elas floresciam (...). Ao ver a Idade Média e as procissões através dessa tela, aba de camisa, não era mais possível acreditar nisso. E se volto à maneira como fazia ondas, a mão aberta sobre uma poça d'água, é porque, ao evocar essa lembrança há alguns dias, o real do próprio gesto se seguiu alguns dias depois como aspirado. Essa mão aberta contra a superfície fria que se deixava abrir e se reestabelecia por cima; minha mão, porém subitamente mais leve, e, quando eu a subia de volta, parecia-me que eu aspirava a água, mas com dificuldade, e eu havia voltado a sentir o início de um desses gestos que não acabam mais, em que o "minha" dessa mão se perdia. Tratava-se de fazer ondas para ver, para

---

le goupillon [a espada e o aspersório], que por sua vez se refere à associação entre o exército e a igreja.
12. [N. T.] "Bandeira" ou "estandarte", vide nota anterior. Em francês popular, o termo também pode designar uma camisa, ou a aba da camisa.

ver como as ondas se faziam, já que é preciso que elas se façam ou sejam feitas, mas, com o mesmo gesto intencional e até pensado, advinha o agir, e eu sentia um tipo de vergonha por estar lá, agachado, a cem passos do mar do norte, sozinho; uma vergonha? Uma emoção, na verdade, e, pelo que penso agora, é porque minha mão estava fora, mão de humano e mais nada, abandonada ou quase, exposta a experimentar o real, e, se eu tinha culpa, era por me acreditar capaz de compreender como as ondas se faziam (...). Eu simplesmente me perdia ali, o que pode ser escrito: eu SE perdia ali. Era um perigo...

Trata-se de *temer*, que não é ter medo; eu não tinha medo de nada e principalmente não tinha medo de me afogar nessa poça, nem de ver minha mão desaparecer. E eu digo a mim mesmo que esse *temer* é comum, e que se trata de exultar. Onde se vê que, quando se trata do real, o vocabulário não é bom em nada, nem a gramática.[13]

Cada etapa dessa descrição tem mesmo o poder descritivo de uma gênese que, longe de qualquer tintura ontológica, ressoa radicalmente na zona desse "outro modo que ser" que Levinas queria descrever para lhe dar seu toque ético. Esse toque ético está absolutamente presente em Deligny, mas de forma completamente diferente, quando consagra seu tempo e investe seu olhar na relação com esses garotos ditos autistas, que não se interessam em ser ou em se tornar um "*bonhomme*" do *logos* e da gramática. Basta reler o texto intitulado "Quando o *bonhomme* não está aí". Deligny não é lacaniano, e o sujeito que "não está aí" é o *bonhomme* lacaniano, o sujeito da linguagem e da trançagem topológica entre o

---

13. DELIGNY, 2008, p. 218-219.

real, o simbólico e o imaginário que põe o *bonhomme* no campo da linguagem própria ao sujeito humano.

> Sabemos bem como é elaborada a mitologia: o *bonhomme* se projeta. Desse ele-próprio projetado em grande dimensão, a imagem que faz de si-próprio é reforçada. A parte do mitológico incorporada no *bonhomme* é, pois, considerável.
>
> Alguém me dirá que essa parte lhe é necessária. Resta saber em detrimento de quê essa imagem predomina, e por que, quero dizer, com quais fins (...). Que essa imagem do corpo – do *bonhomme* – seja adquirida – quero dizer, que não seja em nada inata – é algo que deve ser percebido. Uma coisa é ver mãos; quanto a ter mãos, aí já é, como se diz, outra história (...). Quando predomina o olhar, é em detrimento de quê?
>
> Em detrimento de *ver*, como penso que uma criança autista vê, sem ter, ainda que apenas consciência de ser. Pois para *ter*, não bastariam as mãos, falta ainda ter consciência de ser.[14]

Essa ruptura radical com uma inscrição ontológica do sujeito da possessão surpreendentemente reencontra aquela exigência recorrente em todo pensador do evento de localizar uma zona originária onde o questionamento da imagem e do ver como ato, como ação pura, deixa de ser produção de um "fazer" que faria do sujeito que vê o proprietário da coisa vista. Trata-se, como em Castoriadis, do reconhecimento de um efeito de labirinto, que, de forma originária, localiza o lugar indesignável

---

14. DELIGNY, 2008, p. 194-195.

de um lugar de nascimento anterior a qualquer simbolização. Mais uma vez, nada de fio de Ariadne, mas a teia aracniana onde as aventuras do olhar e da liberdade dos gestos são testemunhas de uma radicalidade cuja experiência perigosa e imprevisível é feita por aqueles que chamamos de artistas. Que esse lugar generativo seja precisamente o lugar da imagem, onde se inscreve, numa indeterminação originária, a possibilidade de uma subjetividade a nascer, indica bem que não basta um parto para vir ao mundo, e alguns vivos se mantêm na antecâmara dessa vinda, nessa câmara escura onde dançam as imagens na noite sem forma de nossa proveniência. É desse lugar que os gestos da arte tiram sua energia enigmática, de onde sairão as formas partilhadas.

Deligny, a partir dessa radicalidade, que é ao mesmo tempo caótica e fecunda, deixa claro que a convivência com crianças autistas o permite distinguir duas liberdades:

> Penso que há duas liberdades, e que, entre ambas, a fissura é intransponível. Há a liberdade de um e do outro, sempre em processo de ser legislada, reconhecida, endossada pelo poder; é o direito de/o direito a, cujos limites são postos de forma a poderem ser contornados como numa gincana; e depois haveria – e não: há – essa liberdade do *comum* que não deve nada ao discursar... É preciso que advenham crianças que crianças não são, refratárias ao inelutável dessa domesticação do homem pelo homem, para que apareçam fragmentos, traços manifestos dessa memória específica...

É certo que há, de nossa parte, uma boa dose de parcialidade, para a qual encontrei este infinitivo *descrear*,[15] que pode significar esquivar as crenças, sobretudo as mais difundidas, ou criar algo diferente daquilo que tem lugar.[16]

É precisamente aqui que se encontra o nó do político com a experiência do autismo: experimenta-se algo de uma liberdade hipotética e necessária de se imaginar para que se estabeleça a possibilidade de um outro mundo, de um mundo outro, sem entrave e sem coação nem obrigação. Deligny escolheu o termo grego *topos* para designar essa zona que acima eu pude apontar no "sonho" platônico da *chôra*. Se Deligny insiste em dizer "haveria", e não "há", é porque bem sabe, ele também, que o *bonhomme* que nenhum de nós, nem ele, pode se impedir de ser está reduzido à gramática dos irreais do presente, do condicional e do potencial ou a esse futuro anterior que fez muitos filosóficos sonharem. Ele não quer designar aquilo em que é preciso crer, mas aquilo que é preciso correr o risco de supor, pois a vida perto de Janmari, autista de vinte anos de idade, é prova da validade exaltante dessa hipótese radical. Deligny, em busca das operações imagentes da criança autista, distingue o fazer do *"bonhomme"* do agir do "garoto", e até os opõe radicalmente, assim como distinguiu essas duas liberdades. Ele não opera entre instâncias e categorias, pois lida com a imagem de duas maneiras: através do

---

15. [N. T.] *"Mécréer"*: neologismo criado por Deligny, formado a partir do verbo "criar", *"créer"*. O termo lembra a palavra *"mécréant"*, que designa o descrente, infiel, aquele que não crê. Seguimos a tradução dada por Lara de Malimpensa na edição brasileira, "descrear" (DELIGNY, 2015, p. 165), pois a tradutora capta os dois sentidos evocados por Deligny ao misturar os verbos "crer" e "criar", "crear", acrescidos do prefixo equivalente ao francês "mé".
16. DELIGNY, 2015, p. 143-144. [N. T.] Este e os próximos trechos de Deligny da seção foram reproduzidos, com eventual modificação, a partir da edição brasileira indicada acima.

sofrimento da imagem "que falta" e através da inscrição dos gestos numa geografia "zonarde" da criança ativa. Tomo de empréstimo a expressão "imagem que falta" de Rithy Panh, que desenvolve seu testemunho nas imagens de um filme.[17] Para representar o corpo das vítimas do genocídio cambojano, ele fabricou na abertura do visível as formas que testemunham o silêncio e a cegueira da memória. A criação plástica dá às mãos que moldam numa zona lacunar o poder radical de sua reconstrução. Da mesma forma, Deligny testemunha o investimento absoluto da presença e do olhar através desses registros aracnianos, essas "linhas de errância" que os "garotos" traçam na repetição de seus itinerários cotidianos. Para manter o fio labiríntico dessa radicalidade, é preciso não ter medo de nada, ele diz. Mas essa coragem é habitada pelo temor sem o qual a prática funambulesca dos limiares, a vizinhança dos abismos e a frequentação da zona de indeterminação nunca dariam acesso à alegria e à liberdade, "a liberdade sem nome".[18]

Volto a essa lembrança de infância porque ele próprio o faz, essa lembrança em que ele aparece exultante à beira de um abismo onde o real é experimentado no enigma de um cenário que produz imagem na memória e revela uma mudança sem precedentes da causalidade.

Ele volta tanto a essa lembrança que acredito haver nela a fonte viva e inesgotável de onde o verbo "*descrear*" vem nomear o que poderia alimentar a resposta a qualquer doutrinação apenas pela força de uma energia criativa. Ao escutá-lo, compreende-se que todo criador de seu gesto é necessariamente um *descrente*. Talvez

---

17. *L'image manquante* [*A imagem que falta*], filme de Rithy Panh realizado em 2013 na sequência da publicação do seu livro com Christophe Bataille: *L'élimination*. Paris: Grasset, 2012.
18. DELIGNY, 2015, p. 159.

duvidemos da legitimidade desse jogo de palavras que religa, para voltar a colocá-los em oposição, os verbos "crer" e "criar". E, contudo, para além do jogo de palavras, o que aqui se indica é o caminho que, para qualquer sujeito, se abre como uma encruzilhada. Ou o *bonhomme* se precipita na crença e consente com qualquer coisa, desde que esteja convencido a encontrar ali as razões de sua segurança e o início de um sentido, ou o garoto age com um "simples gesto",[19] no qual inscreve sua presença no mundo em silenciosa conivência com a totalidade do espaço em que se desloca. Esse garoto aí está originalmente presente em cada um de nós. Deligny sempre questionou o estatuto do gesto de arte:

> Resta se perguntar se a obra de arte não tem algo de peixe voador, desse de fora que não é da mesma natureza que nos é conferida pela domesticação simbólica e nos embarca naquilo que pode se dizer a história.[20]

Evitemos abusar de uma aproximação muito apressada entre autista e artista. Nem por isso os gestos que criam deixam de executar um salto sem segurança; assumem o risco da queda no suspense temporal onde uma forma compartilhada vai ou não se compor. O próprio Deligny, provavelmente a meio caminho entre uma experiência autística de sua própria infância e a experiência constituinte de sua existência compartilhada com as crianças autistas, age como artista, descrendo e criando. Ele se torna criador da experiência comunitária com

---

19. *Le moindre geste* [O mínimo gesto] é o título do filme dirigido por Fernand Deligny e Josée Manenti, filmado por Manenti quando acompanhou Deligny na experiência de Cévennes. O filme foi montado por Jean-Pierre Daniel e projetado pela primeira vez durante o Festival de Cannes (Semana da crítica), em 1971. Ver *Le Cinéma de Fernand Deligny* (DVD). Paris: Éditions Montparnasse, 2007.
20. DELIGNY, 2015, p. 129.

aqueles que a sociedade considera como débeis e que rejeita para o exterior das próprias fronteiras da humanidade. Os autistas seriam uma modalidade do bárbaro, e hoje é sabido que a questão de descobrir como os "integrar" ao nosso mundo é debatida. A voz de Deligny foi aquela que, há mais de meio século, levantou-se contra a concepção normativa da saúde social no tratamento da saúde mental. A fronteira entre o humano e o desumano, longe de ser aquela que separa o louco ou o autista do homem normal, é aquela que separa os regimes de hospitalidade oferecidos ao heterogêneo, ao estranho e ao estrangeiro. Mas Deligny também foi criador em seu desejo de dar à imagem e às operações imagentes um lugar decisivo no coração dos gestos da hospitalidade. O cinema também foi sua arte de transmitir, o que o faz voltar várias vezes ao maravilhamento enigmático que, em sua infância, constitui um cenário genérico, aquele que o fez nascer no limiar ainda inalcançado de sua própria subjetividade. Ele se lembra do garoto que ele próprio foi e ao qual o *bonhomme*, que hoje está nele, permanecerá indefectivelmente fiel.

> Quando eu acabava de chegar à idade da razão, trouxeram-me à beira do mar, e essas ondas que não paravam de chegar, uma após a outra, me espantavam. E vendo barcos que balançavam, deduzi que era o movimento dos barcos que criava as ondas, e, já dotado para minha idade, testei meu novo achado colocando minha mão aberta numa poça d'água e a balançando, daí as ondas que se formaram e que contente eu via morrer, uma após a outra, nas bordas.[21]

---

21. DELIGNY, 2015, p. 200.

Esse roteiro descreve o encontro de um real com o qual o novo sujeito vai se debater durante toda a sua vida. A onda não revela sua causa e, enquanto real, ela põe a mão à prova do heterogêneo sem esperança de domínio nem de conhecimento. A mão deixa o sujeito que a possui, não pertence mais a um sujeito singular, é mão imemorial que, desde as cavernas, age sobre o mundo e saboreia a alegria do gesto no tremor do perigo. Por minha vez, eu não consigo deixar de voltar ao cenário hipotético que pude compor sobre o tema da criação das imagens rupestres: aí também, é o agir da mão que, não diante das ondas, mas da rocha, compete com o real, confiando ao gesto imagente o fardo de lutar contra a submissão a qualquer poder da causalidade.[22]

A radicalidade se define então na confrontação, com a rigidez opaca de uma parede, com a resistência obstinada de um real que não cede senão diante da energia saxífraga das imagens. Deligny está convencido do profundo pertencimento dos autistas à humanidade, a ponto de se tornarem os detentores de nosso próprio enigma. Partilha com eles uma vida fronteiriça, onde os gestos da arte compõem a cena do comum.

> O que na verdade buscamos é justamente aquilo que pode haver de comum entre essas crianças e nós.
>
> Onde aparece essa palavra, *comum*, à qual basta acrescentar um "ista" para nos dizer que comunistas somos nós, já que buscamos aquilo que comum pode evocar... É aí mesmo que uma tentativa se mostra embaraçosa...

---

22. Ver MONDZAIN, Marie José. *Homo spectator*. Paris: Bayard, 2013. p. 32 e seguintes. [*Homo spectator*. Trad.: Luís Lima. Lisboa: Orfeu Negro, 2015].

Pois a tentativa está mais próxima da obra de arte do que qualquer outra coisa.[23]

Não seria essa a indicação preciosa daquilo que poderia ser nosso encontro com os sujeitos da "desradicalização"? Construir a cena de uma partilha em que a vítima da crença possa alcançar a alegria do descrente, através apenas da força dos gestos que lhe permitiriam dar forma a seu desejo. Construir a cena em que tais gestos são possíveis é oferecer, em um espaço de fala, os meios de agir sobre as matérias e sobre as coisas. Criar é sair da impotência. Fazer sentir é produzir o comum. É por isso que, paradoxalmente, Deligny, no isolamento de sua casa de Cévennes, na companhia de crianças isoladas do mundo, podia reivindicar a natureza radicalmente política de sua ação. É exatamente por isso que eu lhe dei seu lugar nesta abordagem, a favor de uma radicalidade inventiva e política.

No mesmo texto, ele conclui e propõe:

> Onde está o autor em todas essas tramas? Ele desaparece, apagado como se apaga a ideia de que a arte é representar. Eu ia dizer que se trata de expor o que costuma ser verdadeiro, mas e a música? Tratar-se-ia antes de concordar palavra sobre a qual não sabemos se se origina de cor ou de corda/mas então concordar teria que significar criar um acordo, e não um consentimento ou uma conformidade, mas antes uma discordância a partir da qual vão vibrar as relações de frequência.[24]

---

23. DELIGNY, 2015, p. 133-135.
24. DELIGNY, 2015, p. 132.

É assim com a palavra "radicalidade", sobre a qual nós deveríamos concordar para preservar sua discordância vibratória.

Pausa

Aqui, fazer ouvir por um instante a voz que designa a zona indesignável onde se engajam os exploradores da radicalidade.

Aí está, pois, o que pude estabelecer através apenas da eliminação de todas as hipóteses insustentáveis. Em algum lugar na Terra, existe um território de pelo menos vários milhares de quilômetros de extensão, onde se ergue o Monte Análogo. A base desse território é formada de materiais que têm a propriedade de curvar o espaço em torno deles de tal maneira que toda essa região é fechada numa *concha* de espaço curvo. De onde vêm esses materiais? Eles têm origem extraterrestre? Vêm dessas regiões centrais da Terra, das quais conhecemos tão pouco da natureza física que tudo o que podemos dizer é que, segundo os geólogos, nenhum material pode existir ali nem em estado sólido, nem em estado líquido, nem em estado gasoso?

Observem que a própria região do Monte Análogo não deve oferecer nenhuma anomalia espacial sensível, já que seres como nós devem poder subsistir ali. Trata-se de um *anel de curvatura*, mais ou menos largo, impenetrável, que, a certa distância, cerca o país com uma barreira invisível, intangível, graças à qual, em suma, *tudo acontece como se o Monte Análogo não existisse.*[1]

---

1. DAUMAL, René. *Le Mont Analogue* [1940]. Paris: Gallimard, 1952. p. 85-88. [*O Monte Análogo*: romance de aventuras alpinas, não euclidianas e simbolicamente autênticas. Trad.: Gian Bruno Grosso. São Paulo: Editora Horus, 2007].

Paisagens

Antes de fechar essa breve exploração dos territórios da radicalidade, destinada a defender sua energia criativa e revolucionária, desejo fazer um último desvio pelas imediações da zona onde se avizinham, por conta e risco próprios, os gestos da violência e os da hospitalidade, os crimes potenciais e as obras imprevisíveis. Esse espaço ilocalizável é curvo, como diz Daumal, e sua materialidade, improvável. Estamos separados dele por uma membrana *inframince*, cuja textura, ora gasosa, ora pulverulenta, Duchamp cultivava. Tudo isso confere a fecundidade infinita que é própria aos terrenos do Monte Análogo.

A partir da luz dessas indicações, eu gostaria de evocar a porosidade dos espaços nos quais acontece a passagem da violência inóspita do mundo habitado para o lugar onde a imaginação radical produz a zona sísmica onde crescem obstinadamente as saxífragas irredutíveis.

Se desde o início falei em paisagem na qual inscrevemos nossas vidas, foi mais uma vez pensando no cineasta japonês Masao Adachi e em sua teoria da paisagem. Em janeiro de 1971, Adachi publica um texto intitulado "Questões imaginárias para o assassino em série. O caso

Norio Nagayama", a partir do qual ele começa a elaborar o que chamou de "teoria da paisagem". Essa teoria foi construída por ocasião do que chamamos de um fato inusitado,[1] que, justamente, longe de ser uma distração por sua aparência acidental e sua heterogeneidade atípica, era, ao contrário, um sintoma a seus olhos, isto é, para seu olhar político. Um homem jovem, de dezenove anos, tornara-se *serial killer*, e a cadeia de crimes cometidos na estranha combinação de uma ausência de afeto e de excitação volúvel era, aos olhos de Adachi, prova de uma situação de crise, e isso em todos os sentidos do termo que evoquei antes. Tratava-se de fazer um filme a partir desses crimes, cuja forma política tornava visível a cena gestativa de uma violência endêmica tocante à sociedade inteira. O roteiro do crime é inerente ao quadro que sustenta a possibilidade de sua efetivação. A paisagem é, então, considerada em sua ambivalência crítica. É o lugar do crime e a zona de uma errância libertadora, o lugar do criminoso e aquele do povo vagabundo que procura escapar de qualquer vigilância e dominação. Um fato inusitado, e mais particularmente o crime, traz, invisivelmente, nas malhas embaralhadas e ainda secretas de uma crise íntima, o traço de um sofrimento social, de uma devastação que diz respeito ao conjunto da comunidade. O colapso subjetivo e a fraqueza psíquica do criminoso não se reduzem a uma derrota moral ou a uma desordem psicológica. É a sociedade inteira, e sua arquitetura material e simbólica, que pode fazer do espaço social um "ventre imundo". Assim como Fritz Lang em *M, o vampiro de Dusseldorf* fala, em 1931, da imanência ameaçadora do nazismo, Adachi, em seu

---

1. [N. T.] Um *"fait divers"*, fato inusitado ou diverso, conceito importante no jornalismo francês, designa um gênero de notícias sobre fatos extraordinários ou inusitados.

filme *A.K.A Serial Killer* (1969), encarrega o cinema de tornar visível a "criminalidade" imanente a todo o espaço urbano japonês, à paisagem na qual aconteceu o pior, como surgiria num espaço "natural" uma cruel e sangrenta floração. O *serial killer* de repente cintilava como um cristal onde se refletia a totalidade que o cercava e abria um lugar cinematográfico à análise política, e até à ação revolucionária. O cineasta decidiu não filmar o criminoso nem roteirizar uma investigação, mas filmar apenas a paisagem do Japão na qual ele vivia e onde ele não podia mais nada além de matar. Essa decisão toca numa questão crucial do extracampo, no estabelecimento do invisível no próprio visível. O crime cria o evento no campo; ele pode inclusive se tornar seu centro, em detrimento de tudo o que o cerca e, portanto, de seu extracampo. A televisão nos acostumou a essa visão saturada e centrípeta do pior. O que significa o gesto de mostrar um evento assim? Trata-se de reconstruí-lo numa ficção encenada após o fato? O *re-enactment* tão apreciado pelas comemorações? Certamente não. Tratar-se-ia de se lançar numa investigação psicológica, sociológica e moral sobre o culpado ou aquele que se pensa que o é? Menos ainda. Fazer um filme, para Adachi, é informar um olhar mostrando o espaço que o cineasta e o espectador, por sua vez, compartilham com o assassino, a fim de que todos nós reconstruamos ali o lugar de nossa resposta e de nossa ação. O que é informar um olhar? É lhe dar sua forma oferecendo àquele a quem o filme se endereça o máximo de recursos e de liberdade para que construa sua posição crítica no mundo que tem em comum com o próprio criminoso. Para isso, é preciso deslocar o núcleo brutal daquilo que ocorre para trazer a amplitude do quadro em que aconteceram as coisas e permitir o acesso ao que está invisivelmente presente no coração do evento. É verdade que chegamos a uma conclusão paradoxal, pois tudo acontece como se a violência espetacular do crime, o real do fato inusitado, fosse o véu que dissimulasse sua verdade intrínseca. A questão é justamente aquela da hospitalidade, não para dar a menor aquiescência a um assassinato, mas para continuar a viver num espaço comum. Não se trata de exonerar os agentes do terror da responsabilidade dos delitos que cometem, mas de dar ao olhar e à memória coletiva uma consciência solidária e responsável do mundo onde são compartilhadas alegrias e angústias, amores e ódios. Mais uma vez, o mundo grego deu provas disso e forneceu a indicação, como mostra a obra de Vincent Azoulay sobre as estátuas dos tiranicidas presentes na ágora de Atenas.[2] A imagem dos assassinatos está integrada ao espaço público, ela é inseparável do lugar onde se reúne o povo, pois o povo não pode garantir a continuidade e a consistência dos vínculos senão em companhia das imagens que lembram a presença do que ameaça esses próprios vínculos.

A ágora é então, ao mesmo tempo, cena real da vida política e cena imaginária das tensões contraditórias que asseguram sua turbulenta vitalidade. Adachi também queria entrelaçar, por via das imagens de um filme, a consciência política e os regimes de afetos que fazem coabitar os operadores de vinculação e os de desvinculação. A passagem da zona instituída e destituinte para a zona constituinte depende da criação da cena onde o crime pode ser compreendido, interpretado e julgado pela comunidade inteira. A radicalidade do olhar consiste na transformação do próprio olhar sobre uma realidade

---

2. AZOULAY, Vincent. *Les Tyrannicides d'Athènes. Vie et mort de deux statues*. Paris: Seuil, 2014.

que mantém a energia subjacente de uma indeterminação que lhe dá sua plasticidade.

Ao longo dessa evocação da teoria da paisagem, vem-me repentinamente à memória a incrível série de paisagens pintadas por Nicolas Poussin: pequenos personagens são retratados, disseminados, às vezes quase dissimulados, no vasto quadro onde se desencadeia o desbordamento sazonal das tempestades e dos trovões. Estão presentes entre as plantas, sob as árvores, no vazio de um vale atores frágeis de cenas alegóricas ou míticas cuja natureza inteira parece o infinito caldeirão. A *Paisagem tempestuosa com Píramo e Tisbe*[3] é uma imensa paisagem transtornada pela tempestade, em que os amantes, frágeis na desmedida paisagem, vão encontrando a morte um após o outro, enganados pela presença de uma leoa com lábios sangrentos que, contudo, sequer havia tocado neles. O cataclisma celeste que agita a natureza inocente a torna repentinamente o quadro ameaçador e carnívoro onde acontece uma dupla morte sem assassino. A respeito do quadro, Poussin envia uma carta a seu amigo Jacques Stella, transcrita por Félibien:

> Tentei representar uma tempestade sobre a terra, imitando o melhor que pude o efeito de um vento impetuoso, de um ar repleto de obscuridade, de chuva, de relâmpagos e de raios que atingem vários lugares deixando sua desordem. Todas as figuras que podemos ver encenam seu personagem de acordo com o tempo que faz; uns fogem em meio à poeira, na direção do vento que as carrega; outras, ao contrário, vão contra o vento, e caminham

---

3. Pintada em 1651 e conservada no Städel Museum, Frankfurt.

com dificuldade, colocando as mãos diante dos olhos. De um lado, um pastor corre, abandonando seu rebanho ao ver um Leão que, depois de ter abatido alguns vaqueiros, ataca outros, alguns dos quais se defendem e os outros ferem seus bois e tratam de se salvar. Nessa desordem, a poeira se levanta em espessos turbilhões. Um cão distante late e arrepia os pelos, sem ousar se aproximar. Na frente do quadro, vemos Píramo morto e estendido no chão, e aproxima-se Tisbe, que se entrega à dor.[4]

"Encenar seu personagem de acordo com o tempo que faz", eis uma fórmula teatral bastante notável que expressa exatamente essa solidariedade íntima da intriga e do drama com o espaço da natureza inteira. Em Poussin, há uma verdadeira teoria da paisagem solidária de uma meteorologia da alma. As metamorfoses do céu são ao mesmo tempo celestes e íntimas. A narrativa que Poussin transformou em quadro vem das *Metamorfoses*. Ovídio conta como Píramo e Tisbe se suicidam, e como "seu sangue, respingando nos frutos cobertos de neve de uma amoreira, dá a estes para sempre sua escura cor sangrenta".[5] Nas fábulas de Ovídio, toda morte se abre à imortalidade através de uma metamorfose dos corpos e das coisas. A morte transforma os corpos apaixonados, que se fundem com a natureza, desaparecem ao se encarnar no que tomará seu lugar para a eternidade. É então a natureza inteira que se torna legível como um poema de cólera, de ódio e de amor. O tornar-se árvore, tornar-se flor, pássaro ou canção: é assim que se tira o corpo do drama para se tornar coisa do mundo, na confusão de

---

4. In: FÉLIBIEN, André. *Entretiens sur les vies et sur les ouvrages des plus excellens peintres anciens et modernes*, Tome IVe. Londres: Chez David Mortier, 1705. p. 127, VIIIe entretien.
5. OVÍDIO. *Metamorfoses*, IV, v. 55-166.

todas as separações e de todos os reinos sob o signo da encarnação na imagem. Em um caso, a vítima só pôde escapar do predador perdendo sua vigorosa humanidade e tornando-se elemento da paisagem; em outro, é o perseguidor que pune e obriga sua vítima a mudar de reino, desaparecendo "para sempre" na paisagem. A paisagem de fato é o palimpsesto ainda decifrável de todas as paixões, isto é, de todos os crimes cometidos e de todas as violências sofridas, e até de todas as tristezas sentidas por aqueles que deixam atrás de si as marcas inocentes e visíveis de sua morte violenta. O evento desaparece do campo e é seu extracampo, portanto, a paisagem, que se torna memória sem fim das crises invisíveis.

Diderot dizia que Poussin jogava "o terror e o pavor no meio de uma cena campestre".

Seguindo a análise de Adachi, podemos entender que o primeiro crime do *serial killer* já é sempre o segundo, na medida em que se inscreve sobre a teia das violências dessubjetivantes e, portanto, destituintes da paisagem de que é o ínfimo sintoma, o miserável rejeito. Os crimes mais terríveis não são, no fim das contas, cometidos por ninguém, isto é, são cometidos por corpos por assim dizer deserdados de si, que imaginavam poder existir no olhar dos outros com a única condição de organizar o espetáculo das matanças que perpetuam sob o preço de sua própria desaparição. Examinar a cena em que se desenrolam esses roteiros do desastre, decifrar no espaço das cidades a violência inóspita e a brutalidade do que não é mais "encontro", mas "choque acidental com o corpo do terror". Eis o que Masao Adachi[6] quis filmar ao deixar sua câmera colher os sinais da derrelição, do desespero e do ódio no espaço urbano de Tóquio. Se Adachi não buscava conhecer ou apresentar a pessoa do *serial killer*, é porque ela não passava de uma qualquer "pessoa".[7] O criminoso não era radical. Adachi desloca a questão do terror e do crime para encarar em sua radicalidade a responsabilidade política do gesto cinematográfico em sua mensagem à comunidade como um todo.

Aqueles que são chamados de terroristas não são necessariamente os produtores da tempestade e da violência terrificante que os transformou, por sua vez, em agentes da morte. A questão da paisagem é a da cena onde não se encenam as núpcias idílicas da criatura e do jardim edênico da criação. A história trágica dos crimes e dos sacrifícios se desenrola sobre a teia de um mesmo mundo, que tem no cruzamento de seus fios tudo o que acontece.

Acredito que nós poderíamos hoje, da mesma forma, filmar ou descrever o espaço que atravessamos todos os dias para deixar entrever a violência nos sinais da pobreza, para mostrar a própria matéria e os traços visíveis e tangíveis do isolamento e da inospitalidade. Nosso olhar viajante se coloca sucessivamente sobre as formas sensíveis das compatibilidades perversas que tornam os gestos da exclusão inseparáveis daqueles do

---

6. Ver *Le repos du fakir*, de Gilles Paté e Stéphane Argillet. Paris: Canal Marches, 2003 (filme de 6'30, livreto criado por *Ne pas plier*).
7. [N. T.] Mondzain diz, literalmente, que ele não era "ninguém", mas a construção da frase em francês – *"il n'était 'personne'"* – traz o jogo com a palavra *"personne"*: em francês, "ninguém" se diz *"personne"*, a mesma palavra usada para "pessoa"; numa tentativa de manter o jogo de palavras da autora, optamos por traduzir a *"personne qui n'est 'personne'"*, ou "pessoa que não é ninguém", como aquela que não passa de uma "pessoa".

comunitarismo, sobre os signos da excitação gregária entrelaçados àqueles da inospitalidade, sobre aqueles do puritanismo emaranhados aos da obscenidade, sobre aqueles da intolerância moralizante obcecada pelo gozo tirado da pornografia. No movimento de secularização, que dizemos se tratar da marca do desencantamento do mundo, a reanimação selvagem do sagrado volta a dar serventia aos fanatismos que, precisamente, indicam uma necessidade de reencantamento nas propostas mais extremas. Os novos catecismos impõem fidelidades fictícias e dependências suicidas. Por falta de confiança e de fiabilidade, as pessoas se lançam de cabeça nas crenças mais ineptas. Lugares gigantescos e luxuosos são construídos e destinados às reuniões de multidões para o consumo dos espetáculos e para falsas partilhas culturais. No mesmo espaço, é organizada a confiscação da rua e o silêncio das vozes, enquanto não há mais um banco sequer, nem um abrigo, para que um corpo sem lar, esgotado pela fome, possa se entregar ao repouso de um sono provisório.[8] Vitrines e lixeiras transbordam juntas enquanto, no espaço público, a fila dos jovens sem trabalho e dos velhos sem abrigo espera a esmola de uma refeição cotidiana. O regime da abundância é inevitavelmente também o do dejeto. Assim, estendem-se mãos vazias por todos os lados, e corpos extenuados se enrolam nas calçadas. Seguindo a intuitiva sugestão de Adachi, podemos, por nossa vez, apreender os tortuosos caminhos pelos quais o tratamento do espaço e dos corpos organiza as condições físicas da violência e do ódio.

---

8. *Le repos du fakir*, filme de Gilles Paté e Stéphane Argillet, Paris, 2003, 6'30.

Haveria paisagens em que seja possível fazer algo diferente de matar e morrer? Não é no vasto extracampo dos atos terroristas que se encontra a destruição criminosa do próprio planeta? Não é preciso decifrar nas dobras mais turbulentas da natureza a cena em que se exercem os gestos do terror e da morte? Mas é possível também, e sobretudo, defender uma composição de correspondências, ou é preciso antes decifrar nas dobras mais turbulentas da natureza não somente a fonte do terror e da morte dos humanos, mas também e sobretudo um emaranhamento, uma composição de correspondências, uma zona intermediária de claro-obscuro de trocas agonísticas e constituintes entre todos os reinos. Penso no magnífico trabalho de Philippe Descola, no que ele chama de "antropologia da paisagem", que nos faz descobrir, a partir de sua experiência do mundo Achuar, a partilha do sensível e do sentido operando num jogo de composições analógicas entre o humano e o não humano.[9]

Os jogos de correspondências observados pelo antropólogo levam a considerar o dualismo ocidental que opõe natureza e cultura como uma modalidade soberana de nosso antropocentrismo. Eu proporia articular o pluralismo das composições dos mundos à seguinte consideração: dualismos filosóficos e binaridades sistêmicas perdem qualquer soberania ontológica, cognitiva e política no campo sensível dos gestos criativos, onde está em jogo o máximo de risco assumido com toda ordem dominante. Se queremos dar conta não somente das operações constituintes que acabam numa ordem instituída, mas também dos movimentos que desestabilizam

---

9. DESCOLA, Philippe. *Par-delà nature et culture*. Paris: Gallimard, 2005; *La composition des mondes. Entretiens avec Pierre Charbonnier*. Paris: Flammarion, 2014.

essa ordem e acabam por modificá-la, por vezes completamente, é preciso estabelecer a hipótese de uma energia radical que encontra sua fonte para além de qualquer instância transcendental. Reconhecer esquemas originários que operavam como matriz geradora de combinações infinitas equivale a supor a existência de uma energia vigorosa, disforme porque traz consigo a infinidade de formas possíveis. Um gesto de arte corresponderia então a todo gesto que assume o risco de manifestar essa potência do disforme na própria forma.

É isso que eu gostaria de mostrar quando digo que a arte é sempre zonarde, tratando sempre do intratável e trazendo ao sensível a temporalidade singular de uma *phantasia* turbulenta e alegre. É no espaço atópico sem limites das operações imagentes que se desenvolve essa zona privilegiada e insigne onde se realizam os jogos da nossa liberdade. Masao Adachi também revela, em seus escritos, aquilo que reconhece como uma energia ao mesmo tempo erótica e política, a energia do cômico. Meu desejo de analisar e de defender a radicalidade havia sido estimulado por uma combinação de desgosto e de cólera. Mas está fora de questão, e passa muito longe da minha intenção, dar poder à queixa e conferir uma energia política à tristeza e às lágrimas. Acredito, ao contrário, que a radicalidade verdadeira é inseparável da força irresistível do riso e da alegria. Mesmo quando captam o pior, e precisamente quando se encarregam dele, os gestos da arte nos deixam felizes, pois encontramos neles os recursos da partilha e da alegria. A alegria e o riso são uma fonte irreprimível de energia política. Penso justamente na chama carnavalesca e política que Cervantes soube reviver ao se reapropriar com genialidade da fábula medieval do rei nu. No intermédio do

Retábulo das maravilhas,[10] assistimos à debandada dos poderes e à dissolução das mistificações na paródia de todas as crenças e de todos os semblantes. A dramaturgia das reviravoltas dirige nossos olhares para a nudez do poder, para as máscaras derrisórias de sua impotência no coração da dominação, para as estratégias destinadas a confiscar o imaginário para perenizar a ordem estabelecida e monopolizar os lucros. O grande vencedor da luta é o organizador da cena e o criador do teatro, que dará ao espectador todo o poder de rir e de agir. No coração de um mesmo evento, dois regimes sonoros se fazem ouvir, duas energias em sua tensão turbulenta e jubilatória: a dos rangidos que brotam das fraturas que destroem as correntes e rompem o silêncio da fatalidade e dos encadeamentos, e a que surge, na estridência das vozes, dos corpos que dançam ou vagabundeiam sem orientação prévia, pois confiam na pura radicalidade do encontro com aquele ou aquela que chega, que não é esperado e que nunca se deve deixar de esperar. Para permanecer radicalmente fiel a essa energia, é preciso consentir com que jamais haja "luta final", mas uma fidelidade tenaz para com tudo aquilo que nós nunca devemos deixar de combater se nunca quisermos deixar de inventar para compartilhar.

---

10. CERVANTES, Miguel de. Intermède du retable des merveilles. In: MARRAST, Robert (ed.). *Théâtre espagnol du XVIᵉ siècle*. Paris: Gallimard, 1983. p. 791-804.

Para concluir de forma muito provisória este apelo à reapropriação política das palavras que expressam nossa potência de transformação do mundo, eu ainda me voltarei para as proposições mais emancipadoras da antropologia. Aqueles que foram muito longe explorar mundos e culturas absolutamente diferentes da nossa são provavelmente os que nos ensinam a deslocar todas as nossas referências identitárias e todos os signos da hegemonia cultural e estatal. É graças a eles que pode acontecer uma reviravolta das normas que regem a profunda inospitalidade da cultura ocidental. Depois de ter feito a experiência radical de um descentramento de todas as bases culturais que compõem a consistência de nossos lugares subjetivos, a antropologia testemunha sobre sua relatividade sem desvalorizar minimamente o valor histórico, científico, estético e moral. Trata-se ao contrário de acolher um outro mundo, de ser acolhido por ele e de retirar dele a convicção da infinidade dos possíveis e a esperança de fazer compartilhar essa convicção graças a práticas políticas da inteligência e da alegria. Tomo de empréstimo de Philippe Descola uma de suas conclusões após ter retornado da terra dos Achuar:

O que a história fez, a história pode desfazer, promessa de que o tribalismo das nações contemporâneas não é uma fatalidade e que nossa maneira atual de dar significado à diferença pela exclusão talvez possa um dia dar lugar a uma sociabilidade mais fraternal.[1]

Não se trata, de forma alguma, de um apelo irênico pela reconciliação de todas as energias agonísticas, e menos ainda por uma fusão yunguiana e fantasiosa de universais míticos e de arquétipos sem fronteiras. Bem ao contrário, é na composição social das relações de trocas e de lutas que a paz significa um estado positivo da vida antagonística. Duas forças radicais agem nessa composição: a que produz consistência e ligação num espaço de fiabilidade da palavra e a que faz surgir formas inéditas na vizinhança perigosa do disforme e da abertura de um caos. Essas duas energias se originam talvez numa zona indiscernível de indeterminação radical, onde o tempo põe em movimento as imagens da eternidade. É isso o imaginário, é isso sua radicalidade.

Minha própria conclusão repousa, portanto, sobre duas proposições: uma diz respeito à urgência de uma reapropriação da palavra, e a outra à imperiosa necessidade de um combate contra a confiscação das imagens e das palavras. As palavras mais ameaçadas são aquelas que a língua do mercado mundial da comunicação verbal e icônica faz desaparecer aos poucos, depois de lhes ter feito sofrer sucessivas torções a fim de as dobrar às leis do mercado. Pouco a pouco, é a capacidade de agir que é aniquilada por essas próprias confiscações que querem se tornar mestres de toda energia do desejo.

---

1. DESCOLA, Philippe. *Les lances du crépuscule. Relations Jivaros, Haute-Amazonie*. Paris: Plon, 1993. [*As lanças do crepúsculo*: relações jivaro na Alta Amazônia. Trad.: Dorothée de Bruchard. São Paulo: Cosac Naify, 2006].

Essas proposições fazem pensar que acredito na força revolucionária da radicalidade, mas com a condição de consentir com que a revolução só pode existir no presente. Eu disse, a luta nunca será final, e é em cada instante que devemos ser os hospedeiros e os hóspedes do estranho e do estrangeiro para fazermos advir aquilo que nos é pedido para não mais esperar. Aos outros, a impaciência e a repetição; a nós, a força paciente que se mantém e deixa agir o impulso do inesperado. A radicalidade não é um programa, é um dos nomes de nosso afeto político e de nosso acolhimento diante de tudo o que acontece e deve continuar a nos acontecer.

Contra

E para deixar a última palavra ao poema:

Eu vos construirei uma cidade com trapos!
Eu vos construirei sem plano e sem cimento
Um edifício que vós não destruireis,
E que uma espécie de evidência espumante
Sustentará e inflará, que virá vos berrar no nariz,
E no nariz gelado de todos os vossos Partenons, vossas artes
árabes, e de vossos Mings.
Com fumaça, com diluição de névoa
E som de pele de tambor,
Eu vos assentarei fortalezas esmagadoras e soberbas,
Fortalezas feitas exclusivamente de turbilhões e de tremores,
Contra as quais vossa ordem multimilenar e vossa geometria
Quedarão em absurdo e galimatias e pó de areia sem razão.
O toque do sino da morte! O sino sobre vós todos, o nada
sobre os vivos!
Sim, eu acredito em Deus!
Certo, ele não sabe de nada!
Fé, semente indestrutível para quem não avança.
Oh mundo, mundo estrangulado, ventre frio!
Nem mesmo símbolo, mas nada, eu combato, eu combato,

Eu combato e te alimento de cães mortos.
Em toneladas, vós me escutais, em toneladas, eu vos arrancarei
o que vós me negastes em gramas.
(...)

Henri Michaux, "Contre!"
1934

Referências

ABU-YAZID, Bistamî. *Les Dits de Bistami (shatahât)*. Trad.: Abdelwahab Meddeb. Paris: Fayard, 1989.

ADACHI, Masao. *Le bus de la révolution passera bientôt près de chez toi. Écrits sur le cinéma, la guérrilla e l'avant-garde (1963-2010)*. Trad.: Charles Lamoureux. Aix-en-Provence: Rouge Profond, 2012.

AGAMBEN, Giorgio. *Le Règne et la Gloire*. Trad.: Joël Gayraud e Martin Rueff. Paris: Seuil, 2008.

AGAMBEN, Giorgio. *Qu'est-ce qu'un dispositif?* Trad.: Martin Rueff. Paris: Payot-Rivages, 2007.

ARENDT, Hannah. *Eichmann à Jérusalem. Rapport sur la banalité du mal*. Trad.: Anne Guérin. Paris: Gallimard, 1991.

ARENDT, Hannah; SCHOLEM, Gershom. *Correspondance, Hannah Arendt – Gershom Scholem*. Trad.: Olivier Mannoni; Françoise Mancip-Renaudie. Paris: Seuil, 2012.

AZOULAY, Vincent. *Les Tyrannicides d'Athènes. Vie et mort de deux statues*. Paris: Seuil, 2014.

BERADT, Charlotte. *Rêver sous le IIIe Reich*. Trad.: Pierre Saint-Germain; Prefácio: Martine Lebovici. Paris: Payot-Rivages, 2002.

CABANTOUS, Alain. *Histoire de la nuit (XVIIe-XVIIIe siècle)*. Paris: Fayard, 2009.

CASTORIADIS, Cornelius. *L'institution imaginaire de la société*. Paris: Seuil, 1975.

CERVANTES, Miguel de. Intermède du retable des merveilles. In: MARRAST, Robert (ed.). *Théâtre espagnol du XVIe siècle*. Paris: Gallimard, 1983. p. 791-804.

CRARY, Jonathan. 24/7. *Le capitalisme à l'assaut du sommeil*. Trad.: Grégoire Chamayou. Paris: La Découverte/Zones, 2014.

CROUZET, Denis; LE GALL, Jean-Marie. *Au péril des guerres de Religion. Réflexions de deux historiens sur notre temps*. Paris: PUF, 2015.

D'ALLONNES, Myriam Revault. Kant et l'idée du mal radical. *Lignes*, Paris, n. 22, p. 161-187, 1994.

DAUMAL, René. *Le Mont Analogue* [1940]. Paris: Gallimard, 1952.

DELATTRE, Simone. *Les douze heures noires. La nuit à Paris au XIXe siècle*. Paris: Albin Michel, 2000.

DELEUZE, Gilles. Le juif riche. In: _____. *Deux régimes de fous. Textes et entretiens* – 1975-1995. Paris: Les Éditions de Minuit, 2003. p. 123-126.

DELEUZE, Gilles. Le juif riche. *Le Monde*, Paris, 18 fev. 1977.

DELIGNY, Fernand. *L'Arachnéen et autres textes*. Paris: L'Arachnéen, 2008.

DELIGNY, Fernand. *O Aracniano e outros textos*. Trad.: Lara de Malimpensa. São Paulo: N-1 Edições, 2015.

DELIGNY, Fernand. *Œuvres*. Paris: L'Arachnéen, 2007.

DERRIDA, Jacques. *Khôra*. Paris: Galilée, 1993.

DESANTI, Jean-Toussaint. *Philosophie: un rêve de flambeur. Variations philosophiques 2* – Conversations avec Dominique-Antoine Grisoni. Paris: Grasset, 1999.

DESANTI, Jean-Toussaint. Voir ensemble. In: MONDZAIN, Marie José (ed.). *Voir ensemble: autour de Jean-Toussaint Desanti – Douze voix rassemblées par Marie-José Mondzain*. Paris: Gallimard, 2003. p. 17-34.

DESCOLA, Philippe. *La composition des mondes. Entretiens avec Pierre Charbonnier*. Paris: Flammarion, 2014.

DESCOLA, Philippe. *Les lances du crépuscule. Relations Jivaros, Haute-Amazonie*. Paris: Plon, 1993.

DESCOLA, Philippe. *Par-delà nature et culture*. Paris: Gallimard, 2005.

EL DIFRAOUI, Asiem. *Al-Qaida par l'image. La prophétie du martyre*. Paris: PUF, 2013.

EL DIFRAOUI, Asiem. *Le Djihadisme*. Paris: PUF, 2016.

FÉLIBIEN, André. *Entretiens sur les vies et sur les ouvrages des plus excellens peintres anciens et modernes*, Tome IVe. Londres: Chez David Mortier, 1705.

FICHTE, Johann Gottlieb. *De la liberté de penser*. Trad.: Jules Barni. Paris: Éditions Mille et Une Nuits, 2007.

FOUCAULT, Michel. *Dits et écrits (1954-1988)*, tome III: 1976-1979. Paris: Gallimard, 1994.

GENET, Jean. Le Funambule. In: _____. *Œuvres complètes*, Tome V. Paris: Gallimard, 1979. p. 10-27.

HESÍODO. *Théogonie*. Trad.: Paul Mazon. Paris: Les Belles Lettres, 1951.

IMBERT, Claude. Warburg, de Kant à Boas. *L'homme*, Aubervilliers, v. 165, p. 11-40, jan.-mar. 2003.

KANT, Immanuel. *La religion dans les limites de la simple raison*. Trad.: J. Gibelin. Paris: Vrin, 1994.

KANT, Immanuel. Sur l'expression courante: il se peut que ce soit juste en théorie, mais en pratique cela ne vaut rien [1793]. In: _____. *Théorie et pratique*. Trad.: Louis Guillermit. Paris: Vrin, 1967. p. 9-60.

KLEMPERER, Victor. *LTI. La langue du IIIe Reich. Carnets d'un philologue*. Trad. e notas: Elisabeth Guillot. Paris: Albin Michel, 1996.

KRISTEVA, Julia. Visions capitales. *Arts et rituels de la décapitation*. Paris: Fayard; Éditions de La Martinière, 2013.

LAUFER, Laurie. La morgue: voir l'irreprésentable. *Recherches en psychanalyse*, Paris, n. 8, p. 228-237, 2009.

LEVI, Primo. *Si c'est un homme*. Trad.: Martine Schruoffeneger. Paris: Julliard, 1987.

LEVINAS, Emmanuel. *Autrement qu'être ou au-delà de l'essence*. Paris: Le Livre de Poche, 1990.

LORAUX, Nicole. *La cité divisée. L'oubli dans la mémoire d'Athènes*. Paris: Payot-Rivages, 1997.

LORAUX, Nicole. *Les mères en deuil*. Paris: Seuil, 1990.

MONDZAIN, Marie José. A imagem zonarde ou a liberdade clandestina. Trad.: Pedro Corgozinho. In: VILELA, Bruno (org.). *Mundo, Imagem, Mundo. Caderno de reflexões críticas sobre a fotografia*. Belo Horizonte: Malagueta Produções, 2018. p. 17-29.

MONDZAIN, Marie José. *Homo spectator*. Paris: Bayard, 2013.

MONDZAIN, Marie José. *Image, icône, économie. Les sources byzantines de l'imaginaire contemporain*. Paris: Seuil, 1996.

MONDZAIN, Marie José. *Imagem, ícone, economia*: as fontes bizantinas do imaginário contemporâneo. Trad.: Vera Ribeiro. Rio de Janeiro: Editora Contraponto; Museu de Arte do Rio, 2013.

MONDZAIN, Marie José. Sans image, il n'y a pas de logos. *Cahiers Philosophiques*, Paris, n. 113, p. 52-63, abr. 2008. Entrevista concedida a Pierre Lauret.

MONTAGNE, Albert. Droit et libertés publiques. Les actualités filmées ont enfanté la censure du cinéma français en 1909. *Les Cahiers de la Cinémathèque*, Paris, n. 66, p. 83-89, jul. 1997.

MOUFFE, Chantal. *L'Illusion du consensus*. Trad.: Pauline Colonna d'Istria. Paris: Albin Michel, 2016.

PASOLINI, Pier Paolo. *Écrits corsaires*. Trad.: Philippe Guilhon. Paris: Flammarion, 1976.

RAFLIK, Jenny. *Terrorisme et mondialisation. Approches historiques*. Paris: Gallimard, 2016.

RANCIÈRE, Jacques. *Chroniques des temps consensuels*. Paris: Seuil, 2005.

RANCIÈRE, Jacques. *La haine de la démocratie*. Paris: La Fabrique, 2005.

RANCIÈRE, Jacques. *Le partage du sensible*. Paris: La Fabrique, 2000.

SCHIVELBUSCH, Wolfgang. *La nuit désenchantée. À propos de l'histoire de l'éclairage artificiel au XIXe siècle*. Trad.: Anne Weber. Paris: Le Promeneur/Gallimard, 1993.

SCHOLEM, Gershom. *Fidélité et Utopie: essais sur le judaïsme contemporain*. Trad.: Marguerite Delmotte; Bernard Dupuy. Paris: Calmann-Lévy, 1978.

TUCÍDIDES. *La Guerre du Péloponnèse*, Livre III. Trad.: Raymond Weil. Paris: Les Belles Lettres, 1969.

TUCÍDIDES. *História da Guerra do Peloponeso*. 4a ed. Trad.: Mário da Gama Kury. Brasília: Editora UnB, Instituto de Pesquisa de Relações Internacionais; São Paulo: Imprensa Oficial do Estado de São Paulo, 2001.

ZWEIG, Stefan. La Tour de Babel. In: _____. *Essais*, Tome III. Trad.: Juliette Pary. Paris: Le Livre de Poche, 1996. p. 1235-1239.

ZWEIG, Stefan. Le Monde sans sommeil. In: _____. *Essais*, Tome III. Trad.: Juliette Pary. Paris: Le Livre de Poche, 1996. p. 1215-1220.

Filmografia

A FACE IN THE CROWD [Um rosto na multidão], de Elia Kazan, 1957, 126'.

A.K.A SERIAL KILLER, de Masao Adachi, 1975, 86'.

CE GAMIN-LÀ [Esse Garoto aí], de Renaud Victor e Fernand Deligny, 1975, 88'.

ICI ET AILLEURS [Aqui e em qualquer lugar], de Jean-Luc Godard e Anne-Marie Miéville (Jean-Pierre Gorin, Groupe Dziga Vertov), 1975, 55'.

LE MOINDRE GESTE [O mínimo gesto], de Fernand Deligny, Josée Manenti e Jean-Pierre Daniel, 1962-1971, 95'.

LE RÉMOULEUR [O amolador de facas], de Danièle Huillet e Jean-Marie Straub, 2001, 6'58. [Nova montagem de uma passagem de Gente da Sicília].

LE REPOS DU FAKIR [O repouso do faquir], de Gilles Paté e Stéphane Argillet, 2003, 6'30.

L'IMAGE MANQUANTE [A imagem que falta], de Rithy Panh, 2013, 95'.

L'ORDRE [A ordem], de Jean-Daniel Pollet, 1973, 42'.

NASHVILLE, de Robert Altman, 1975, 160'.

Sobre a autora

MARIE-JOSÉ MONDZAIN nasceu em 18 de janeiro de 1942 em Argel, quando a atual Argélia ainda era uma colônia francesa. É filósofa, formada pela École Normale Supérieure, e escritora. Atualmente, dirige o Centre National de la Recherche Scientifique (CNRS), em Paris. Importante voz da filosofia da imagem, Mondzain tem contribuído para o debate sobre o poder persuasivo das imagens e a sua legitimidade, articulando os campos da estética e da ética. É autora de diversos livros, entre eles: *Image, icône, économie* (Seuil); *L'image peut-elle tuer?* (Bayard); *Le commerce des regards* (Seuil); *Homo spectator* (Bayard); *Qu'est-ce que tu vois?* (Giboulées; Gallimard); *Images (à suivre): de la poursuite au cinéma et ailleurs* (Bayard). Em português, foram publicados: *A imagem pode matar?* (Nova Vega, 2009); *O que você vê?* (Autêntica, 2012); *Imagem, ícone, economia* (Contraponto; Museu de Arte do Rio, 2013); *Homo spectator* (Orfeu Negro, 2015), além do ensaio *Sideração* (Zazie Edições, 2016).

© Relicário Edições, 2022
© Les liens qui libèrent, 2017

"Esta edição é publicada por acordo com Les liens qui libèrent em conjunto com seus agentes devidamente nomeados L'Autre agence, Paris, França e Villas-Boas & Moss Agência Literária. Todos os direitos reservados."

Dados Internacionais de Catalogação na Publicação (CIP) de acordo com ISBD

M741c

Mondzain, Marie-José

Confiscação das palavras, das imagens e do tempo: por uma outra radicalidade / Marie-José Mondzain ; traduzido por Pedro Corgozinho. - Belo Horizonte : Relicário, 2022.

192 p. ; 13cm x 20cm.

Tradução de: *Confiscation des mots, des images et du temps: pour une autre radicalité*

Inclui bibliografia.

ISBN: 978-65-89889-28-1

1. Ensaio. 2. Filosofia. 3. Radicalidade. 4. Imagem. I. Corgozinho, Pedro. II. Título.

CDD 869.94
2022-57 CDU 82-4(81)

Coordenação editorial **Maíra Nassif Passos**
Editor-assistente **Thiago Landi**
Tradução **Pedro Corgozinho**
Revisão **Maria Fernanda Moreira**
Revisão de provas **Thiago Landi**
Projeto gráfico e diagramação **Ana C. Bahia**

Cet ouvrage a bénéficié du soutien des Programmes d'aides à la publication de l'Institut Français.

Este livro contou com o apoio à publicação do Institut Français.

INSTITUT FRANÇAIS

AMBASSADE DE FRANCE AU BRÉSIL
Liberté
Égalité
Fraternité

Rua Machado, 155, casa 1, Colégio Batista | Belo Horizonte, MG, 31110-080
contato@relicarioedicoes.com | www.relicarioedicoes.com
@relicarioedicoes   /relicario.edicoes

1ª EDIÇÃO [2022]

Esta obra foi composta em Source Serif Pro
e Zeitung e impressa em papel Pólen Soft 80 g/m2
para a Relicário Edições.